Lisa Ortgies



# Warum Schuhe nicht lügen

## und anderer Schwachsinn, den Frauen glauben sollen

vgs EGMONT

*Für Merle*

Die Tipps und Informationen in diesem Buch sind von Autorin und Verlag nach bestem Wissen und Gewissen sorgfältig erwogen und geprüft. Autorin und Verlag übernehmen jedoch keine Haftung für etwaige Schäden, die sich aus dem Gebrauch oder Missbrauch der in diesem Buch aufgeführten Informationen ergeben.

**Bibliografische Information Der Deutschen Bibliothek**
Die Deutsche Bibliothek verzeichnet diese Publikation in der Deutschen Nationalbibliografie; detaillierte bibliografische Daten sind im Internet über http://dnb.ddb.de abrufbar.



Redaktion: Alexandra Panz
Lektorat: Katja Fauth
Produktion: Susanne Beeh, Verena Tenzer
Umschlagfoto: Stephan Wieland, Düsseldorf/
Cornelis Gollhardt, Köln
Maske: Susanne Fiebig
Umschlaggestaltung: Metzgerei Strzelecki
Satz: Greiner & Reichel, Köln
Printed in Germany
ISBN 3-8025-1605-2

Besuchen Sie uns unter www.vgs.de

## Inhalt

## Vorwort

Hätte ich die letzten hundert Jahre in einer Zeitmaschine übersprungen und wäre an einem Frühjahrsmorgen des Jahres 2004 vor dem Fernseher in einem deutschen Wohnzimmer wieder zum Stillstand gekommen – ich könnte mich nicht einsamer fühlen. Denn die Szene, die sich da im Vormittagsprogramm eines Privatsenders abspielt, scheint niemanden außer mich zu irritieren: Eine junge Mutter, die zehn Minuten zuvor ihre letzte Presswehe überstanden hat, lässt ihr blinzelndes Töchterchen zum ersten Mal an ihrer Brust trinken, dreht den verschwitzten Kopf zur Kamera und äußert folgenden Satz: »Am meisten freue ich mich jetzt darauf, endlich wieder meine scharfen Dessous zu tragen.« Gibt es da draußen vielleicht noch einen weiteren Menschen, bei dem dieser angebliche Realitätsausschnitt ein kopfschüttelndes Grübeln auslöst? Eine oder einer würde mir reichen. Sie vielleicht? Würden Sie mir bitte schreiben, damit ich mich nicht so allein fühle?

Glauben Sie, es gibt eine vage Hoffnung, dass dieser Satz ausgesprochen wurde, weil eine Kamera ihn festhielt? Oder ist er tatsächlich so gedacht und empfunden worden? Wird es jemals ein Vormittagsprogramm auf einem Privatsender geben, das ohne die Nahaufnahmen einer Plazenta oder den langsam voll laufenden Behälter einer Fettabsaugemaschine auskommt? Oder lässt sich dieses Nackte-Tatsachen-Niveau gar noch weiter unterbieten? Wenn dem nämlich so wäre, dann bestünde die Gefahr, dass niemand versteht, worüber ich in diesem Buch eigentlich schreibe.

Finden Sie mich ruhig seltsam. Aber ich gehöre zu den Menschen, die es nachhaltig irritiert, wenn heutzutage eine Schönheitsoperation auf Taschengeldniveau vertickt wird: für 99 Euro im Monat. Und vielleicht bin ich prüde. Aber ich kaufe keine CD, die mit einem Musikvideo beworben wird, in dem die Kamera zum Takt des Beat in einen weiblichen Schließmuskel fährt.

Möglicherweise habe ich etwas nicht mitbekommen. Aber eine dreifache Vollzeit-Mutter, die aussieht wie 23, lachend zwischen kekskrümelfressenden Hirtenhunden und becherverschüttenden Kleinkindern herumspringt und am selben Abend auf einer Party schmunzelnd behauptet, sie führe ein erfolgreiches kleines Familienunternehmen – die gibt es doch nur in Staubsaugerwerbespots, oder? Von einer Staubsaugerwerbung kann man nicht viel Originelles oder Progressives erwarten. Aber man darf sich vielleicht wünschen, dass sie etwas zeitgemäßer daher kommt als ein Doris-Day-Film aus den 50er Jahren. Finden Sie nicht?

Es ist mein großer Wunsch, dass Sie über die meisten der nächsten 128 Seiten herzhaft kichern. Erst recht, falls sie sich wiedererkennen. Wenn nicht, steige ich lieber wieder in meine Zeitmaschine und verschwinde unter einem Reifrock.

Herzliche Grüße aus einem anderen Jahrhundert

Lisa Ortgies

## Mit Unterdruck zu Doppel-D

Eines der Wörter unter den ersten zehn, die meine Tochter deutlich sprechen konnte, hieß »Popo«. Als ich unlängst vor dem Wickeltisch stand und ihren knallroten Hintern mit Zinksalbe versorgte, streckte sie eines ihrer Taucheranzug-dicken Ärmchen aus, deutete damit direkt auf mein großzügiges Push-up-Abenddekolleté und sagte genau das: »Popo!« Als ich das Wickeln unterbrach, sie stirnrunzelnd ansah und mit demselben Blick mein Dekolleté in Augenschein nahm, wurde die Bemerkung plus Geste wiederholt, diesmal mit einem Frage- statt eines Ausrufzeichens: »Popo?«

Ich war verunsichert genug, um den Push-up sofort gegen einen schlichten Bügel-BH auszutauschen. Zugegeben – ab Mitte 30 neigt man dazu, gut erhaltene Körperteile (Busen) besonders herauszustellen, um von anderen (After-Baby-Pocke) abzulenken. Das kann manchmal peinlich ausfallen – was einem aber kaum jemand ehrlich sagt, weil es viel schöner ist zu lästern, besonders wenn man selbst auch nicht mehr zur MTV-Generation gehört.

Was mich aber viel mehr beschäftigt hat, ist die Frage, ob Kinder vielleicht doch nicht als unbeschriebenes Blatt, sondern mit der ganzen Bandbreite evolutionären Wissens zur Welt kommen. Denn im Grunde hatte meine Tochter ja die treffende Eingebung! Eine verbreitete evolutionsbiologische These besagt, dass sich der Busen als Ersatz für ein hochgerecktes Hinterteil entwickelt hat – wodurch unsere Vorfahren vom doggystyle zur Missionarsstellung wechselten. Die Rundungen eines weiblichen Gesäßes haben sich im runden Busen ein zweites Mal abgebildet und signalisieren seitdem allzeit Paarungsbereitschaft. Also lag meine Kleine mit ihrer Deutung meines Busens als Alternativ-Popo goldrichtig.

Bezeichnenderweise sind wir die einzige Primatenart, bei der volle Brüste Erotik versprühen. Bei unseren Artverwandten im Tierreich, denen solche sekundären Geschlechtsmerkmale völlig unbekannt sind, deutet eine geschwollene Brust auf eine beginnende Schwangerschaft hin und wirkt deshalb äußerst unsexy. Es wäre sehr spannend, mal einen Schimpansen zu befragen, was er von der menschlichen Fixiertheit auf dieses Fett- und Milchdrüsenorgan hält. Und wie er es findet, dass damit zum Beispiel der Konsum von Autos und Tiefkühlpizzas gesteigert wird.

Oder der Verkauf von Zigarren: Im Internet erscheint

auf den Männermagazin-Seiten eines Portalanbieters eine nackte Busenschönheit, die etwa 20 Sekunden lang trällernd und lachend ihre 85-D-Glocken gegeneinander reibt, presst und klatscht: eine Art Sumo-Ringen zwischen beiden Brüsten. Am Ende fischt sie aus der Tiefe ihres Dekolletés eine Zigarre, während der Sprecher verrät: »Some Cigars are handrolled. Independence is rolled with love.« In einer Oben-Ohne-Kultur und in Zeiten analerotischer Musikclips reicht die einfache Bloßlegung einer Brust als Schlüsselreiz nun mal nicht mehr aus. Obwohl die Anspielung auf einen Penis in Form einer vergleichsweise schmalen Zigarre für die Männerwelt ja nicht gerade charmant ausfällt.

Die nervenzerrüttende Frage für alle Marketingexperten wird sein: Wie soll man diesen Trend noch toppen, um auch weiterhin wirtschaftliches Wachstum zu garantieren? Die Antwort darauf liefert das menschliche Weibchen selbst – nämlich durch ebensolches Wachstum. Zum erstenmal reagiert die Evolution auf die Vorgaben der Werbeindustrie! In den letzten 15 Jahren ist die weibliche Durchschnittsbrust in Umfang und Volumen gewachsen: von 75 B auf 80 C. Die Firma Mattel hat selbst Barbie eine größere Oberweite verpasst, damit sie auch weiter als Schönheitsideal durchgeht. Und wer trotz verbesserter Gene nicht viel zu bieten hat, lässt chirurgisch nachbessern. Die meisten Patientinnen der Schönheitschirurgen legen sich für einen größeren Busen unters Messer (20 000 allein im letzten Jahr).

Nur ein Drittel der OP-willigen Frauen lassen ihn verkleinern.

Die neueste Methode, auch ohne blutige OP mitzuhalten, wird mir gleich auf mehreren Kanälen und in mehreren Zeitschriften präsentiert. Das System *Brava* verspricht einen um eine ganze Körbchengröße pralleren Busen in nur zehn Wochen. Vorausgesetzt, ich bin bereit, mir zehn Stunden täglich zwei Kunststoffschalen von der Größe einer Salatschüssel umzuschnallen. Möglicherweise würde man mit diesen beiden Ungetümen unterm Pullover ad hoc auf 90 Doppel-D geschätzt werden, wobei potenzielle Bewunderer wahrscheinlich von einem schmatzenden Geräusch abgeschreckt werden. Denn an dem Gerät hängt ein Minicomputer, der eine Pumpe steuert, die wiederum ein Vakuum unter beiden Käseglocken erzeugt. Ähnlich wie bei einer Milchpumpe (eine der traumatischsten Erfahrungen jeder stillenden Mutter!) wird ein Unterdruck erzeugt, der Fett- und Drüsengewebe zum Wachsen anregen soll. Kritische Gynäkologen behaupten, dass es sich bei den 100 Millilitern Mehrvolumen stattdessen um Wasser handelt, das nach Absetzen der Superbowls wieder versickert. Aber die sind vermutlich nur neidisch, dass sie nicht selbst auf eine so verkaufsstarke Idee gekommen sind.

Ich könnte mir vorstellen, dass der Vorgang einen stimulierenden Effekt auf die Brustwarzen hat. Doch leider sind die amerikanischen Probandinnen von der Herstellerfirma dazu nicht befragt worden. Schließlich ist

Brustvergrößerung eine ernste Sache, und es ist wohl zuviel verlangt, dass Frauen dabei auch noch Spaß haben – obwohl sie für den Apparat rund 3000 Euro hinblättern. Außerdem sind die Amerikaner zwar »größenwahnsinnig«, ansonsten aber prüde bis auf die Knochen. Man denke nur an den Super-Bowl-Brust-Skandal – als Justin Timberlake beim Gesangs-Duett den Pop-out-Busen seiner Partnerin Janet Jackson aus dem Leder-Bustier springen ließ. Obwohl bei dem Vorfall eher zu wenig BH als zu viel Busen zu sehen war. Außerdem ist jetzt endlich geklärt, dass es sich bei Michael und Janet Jackson mitnichten um ein und dieselbe Person handelt, wie böse Zungen immer wieder kolportiert hatten.

Denn das entblößte Exemplar ist zwar nicht unbedingt silikonfrei, aber eindeutig weiblichen Ursprungs. Gut, dass Janet nicht, wie sie es sich als Mädchen erträumt hat, Juristin geworden ist. Denn da wären ihre wohlgeformten Showeinlagen wohl eher eine Karrierebremse gewesen: Wie eine Studie der Gesellschaft für rationelle Psychologie unter anderem in der *Allegra* bekannt gibt, sind Frauen mit kleiner Oberweite erfolgreicher, ehrgeiziger und risikobereiter. Angeblich verfügen 26 Prozent von ihnen über Führungsqualitäten, im Gegensatz zu 15 Prozent bei Frauen mit großem Busen. Was beleuchten würde, warum es viele der gut ausgestatteten Damen, die in der Werbung, auf den Titeln von Fernsehzeitschriften sowie auf den Bildschirmen der Privatsender auftauchen, nie schaffen, in die entscheidenden Hierarchien ihrer Arbeitgeber aufzusteigen.

Ob sich das Beispiel auch auf Männer übertragen lässt? Ob stummelschwänzige Männer erfolgreicher und ehrgeiziger sind? Vielleicht weil sie den Zu-kurzgekommenen in der Hose mit Triumphen im Job kompensieren müssen? Sitzen in den Top-Etagen der großen Sender und Verlage lauter Fast-Eunuchen, die großbusige Frauen in ihre Fernsehstudios und auf ihre Titelseiten dirigieren: »Wir müssen für die Auflage mal wieder ein paar Titten zeigen!« Wie sonst sind die Titelbilder bei *Spiegel* oder *Stern* zu erklären, die auch Themen wie alternative Medizin oder Gefühlsblindheit mit Busenschönheiten illustrieren? Umgekehrt könnte man ja die Aufmacher der Frauenzeitschriften wie »Das schönste Weihnachtsgebäck«, »Die neue Frühlingsmode« oder »Die besten Pasta-Gerichte« mal mit einem knackfrischen Männerpopo oder einem hübschen Penis garnieren. Obwohl Schamhaare möglicherweise mit Essensthemen kollidieren. Aber das führt jetzt zu weit vom Thema weg.

Es ist ja kein Geheimnis, dass die meisten Männer – laut Umfragen in Männermagazinen und bestätigt durch flachbrüstige Leidensgeschichten in Frauenzeitschriften – für den privaten Genuss die XXL-Variante bevorzugen. Allerdings nur bis zum Gang zum Traualtar. Da wird zwar ein zweifelsfrei weibliches, aber ungleich unauffälligeres Modell bevorzugt. Das zeitgemäße Gerät zur Brustmanipulation wäre also ein flexibler Mini-/Maximizer, der den Busen fürs erste Date am Abend aufbläst und bis zum Vorstellungsgespräch am nächsten Morgen die Luft (oder das Wasser) wieder rauslässt. Bis das Bindegewebe durch den ständigen Volumenwechsel irgendwann schlapp macht, sollte frau entweder unter der Haube oder im Job sattelfest sein.

Gesamtgesellschaftlich gesehen sind alle Frauen mit expandierender Oberweite sowieso immer auf der sicheren Seite, denn wie Soziologen diagnostiziert haben, lautet der Megatrend: Infantilisierung. Erwachsene Männer verschwinden hinter Harry-Potter-Sammelbänden, ebenfalls erwachsene Promis machen für Nutella Werbung, selbst Businessmails sind mit emoticons (Gesichtsskizzen aus Satzzeichen) unterschrieben, der typische Computerspielfan ist im Durchschnitt 29 Jahre alt, computeranimierte Fischtragikkomödien wie »Findet Nemo«, werden als »All-Age-Filme« für die ganze Familie konzipiert und die neuen Vorbilder sind Endlos-Pubertierer wie Dieter Bohlen.

In einer solchen Welt gibt es keinen schöneren Ort als Mamas Busen. Und je größer der ist, desto besser für den Schutz und Geborgenheit suchenden Busenliebhaber. Deshalb werden alle Frauen über kurz oder lang zu Mama-Mammuts umgebaut und aufgepumpt. Oder laut *FAZ Sonntagszeitung* zu »lebendigen Busenplaneten, auf deren weicher Oberfläche sich Riesenbabys als Herrscher einer eigenen kleinen Welt fühlen dürfen«.

Man stelle sich vor: Nach einem harten 14-Stunden-Tag in der brutalen Businesswelt da draußen, dürfen die Doppel-D-Fans mit ihrem ganzen nackten Körper in die Dekolletéritze schlüpfen, sich durch die schönsten Träume nuckeln und am nächsten Morgen entspannt und wie neugeboren wieder in ihren Anzug schlüpfen. Den Männern wäre also geholfen.

Für die Frauen allerdings ist das künstliche Extra-Volumen unter Umständen lebensgefährdend. Wie finnische, schwedische und amerikanische Forscher unabhängig voneinander herausgefunden haben, ist die Selbstmordrate bei Frauen mit Brustimplantaten deutlich erhöht. Was die Studie nicht erwähnt, ist, ob die Damen schon vorher zur Schwermut neigten oder ob sie erst mit dem neuen Vorbau depressiv wurden. Vielleicht weil sie das Gewicht zu Boden zieht? Und wie man weiß, sieht die Welt von dort unten etwas bedrohlicher aus. Dann doch lieber normalbrüstig, dafür aber lebensfroh.

## Kaffee und Couch – die Doppelbelastung der Väter

Kaffeewerbung ist wundervoll. Keine Sendung, kein Beitrag im Fernsehen kommt einem Kurzurlaub so nah wie die Weichzeichnerclips mit besserverdienenden Großfamilienidyllen. Da bringt die Schwiegermutter (im wahren Leben manchmal der Anlass zur Gründung einer Selbsthilfegruppe) einen Kuchen mit. Die Dame des Hauses muss nur noch den Tisch decken, um alle glücklich zu machen, und die größte denkbare Katastrophe ist eine vom Enkel umgekippte Tasse, deren Inhalt die Angorakatze aufschleckt. Danach möchte man sofort vier Kinder in die Welt setzen. Ein Heinz-Rühmann-Film an einem verkaterten Sonntagnachmittag ist nichts dagegen. Für durchschnittlich 30 Sekunden dürfen wir die Realität aus explodierenden Scheidungsstatistiken, alleinerziehenden Müttern auf Sozialhilfe und chaotischen Patchwork-Familien hinter uns lassen und in Teenagerträumen schwelgen.

Manchmal sind die Kaffeewerber ihrer Zeit aber auch weit voraus und kreieren eine Geschichte, die in ihrer Progressivität sonst nur noch von den PR-Abteilungen der Gewerkschaften oder des Familienministeriums übertroffen wird: Männer, die den Rollengehorsam verweigern und sich in ein soziales Abenteuer stürzen. Zum Beispiel dieser Anfang-Dreißiger mit gebräunten Lachfalten und Knack-und-Back-Po, der sich auf einem milchweißen Sofa lümmelt, um einen Krönungskaffee zu genießen, den ihm sein schlaues Söhnchen serviert – um von einer Fünf in Mathe abzulenken. Keine Frau weit und breit. Das heißt, wir haben es hier mit einem seltenen Exemplar der Gattung »Vater in Erziehungszeit« zu tun. Seine abwesende Gattin wird offensichtlich außertariflich bezahlt, denn das exquisite Setting des Spots lässt auf einen Bungalow im Grünen schließen.

Wenn man bedenkt, dass im wahren Leben gerade mal 1,5 Prozent aller Väter diesen Schritt wagen, dann ist klar: Dieser Mann hat die Hölle hinter sich. Um eine komplett in Milchfarben gestaltete Wohnung trotz Kinderpräsenz so picobello sauber leuchten zu lassen, muss er bis an die Grenzen seiner Leistungsfähigkeit gegangen sein. Und? Sieht er danach vielleicht erschöpft, verschwitzt oder genervt aus? Läuft er etwa in befleckten Leggings und mit fettigem Teint herum wie seine Mitstreiterinnen in anderen Haushalten? Im Gegenteil. Dieser ungemein attraktive Kerl verstrahlt die Freude

und Gelassenheit eines indischen Yogi nach einer Nacht im Harem und hat sogar noch Zeit für einen Kaffee! Sitzt dort, lächelt versonnen und schweigt sich vornehm aus über die Narben auf seiner Seele. Wer weiß schon, wie es wirklich in ihm aussieht, nach dem Spießrutenlauf auf dem dornigen Weg zum Vollzeitpapa?
Der Verzicht auf ein eigenes Einkommen und damit auf ein selbstbestimmtes Leben, die Preisgabe all seiner intellektuellen und strategischen Fähigkeiten, die jetzt nur noch einem Zweck dienen: milchfarbene Möbel fleckfrei zu halten und dem Sohn gleichzeitig ein Integral einzubimsen. All die Aufstiegschancen, die er nun verpassen wird, der Totalausfall irgendeiner Art von gesellschaftlicher Anerkennung geschweige denn einer sinnvollen Konversation. Kann man das wirklich von einem gesunden und gut ausgebildeten Mann in den besten Jahren verlangen? Dass Millionen Frauen dasselbe durchmachen, kann in diesem Zusammenhang kein Argument sein. Die sind fehlende Anerkennung schließlich gewöhnt! Vollzeitmütter müssen auch nicht unter dem fiesen Spott der Kollegen und Kumpels leiden, weil ihre Existenz eine Selbstverständlichkeit ist und sie deshalb eher komplett übersehen werden. Buggyschiebende Mütter gehören irgendwie ins Straßenbild wie die großen grauen Stromkästen an vielen Ecken.

Was würden Vollzeitväter darum geben, auch nur einen Tag unsichtbar zu sein?! Einmal erleben, wie einem jeder die Tür vor der Nase zuknallt oder wie sich immer wieder Singles ohne Einkaufswagen an der Supermarktkasse vordrängeln. Einmal dabei sein, wenn ein Auto den Zebrastreifen ignoriert und wenige Zentimeter am Gesicht des Nachwuchses vorbeidonnert. Stattdessen müssen sich die hauptberuflichen Väter ständig von wildfremden Menschen für ihr aufopferndes Engagement auf die Schulter klopfen lassen. Ganz zu schweigen von den sexuell vernachlässigten Müttern, die ihnen auf dem Spielplatz verzweifelte Avancen machen …

Kein Wunder also, dass sich 98,5 Prozent der Väter lieber mit einer Doppelbelastung arrangieren, statt ganz zu Hause zu bleiben. Obwohl man inzwischen weiß, dass sie damit ihre psychische Gesundheit gefährden! Die *Cosmopolitan* berichtet unter der Überschrift »Das Leiden der Superväter« über eine neue Krankheit bei doppelbelasteten Männern. Britische Ärzte diagnostizieren bei ihnen immer öfter das Atlas-Syndrom. »Das ist ja tragisch!«, denke ich spontan. Bis mir beim zweiten Lesen auffällt, dass ich den kurzen Artikel gar nicht verstanden habe, weil mir die zwei beschriebenen Phänomene völlig unbekannt sind: 1. das Atlas-Syndrom und 2. Männer, die unter der Doppelbelastung von Familie und Job leiden.

Ein Blick in den Duden hilft weiter: Atlas, das war der arme Kerl aus der griechischen Mythologie, der es sich zur Aufgabe gemacht hat, das Himmelsgewölbe auf seinen Schultern zu schleppen (männliche Selbstüberschätzung war wohl schon bei den alten Griechen ein

Thema!). Dementsprechend lesen sich die Symptome des Atlas-Syndroms: »Übermüdung, depressive Verstimmung, Antriebslosigkeit«. Diese Aufzählung beschreibt ja im Wesentlichen die alltägliche Gefühlslage einer durchschnittlichen, berufstätigen Mutter. Aber seit ein paar Männer sich ab und zu genauso beschissen fühlen, bekommt dieser Zustand endlich mal den Status einer Krankheit. Atlas-Syndrom, das klingt wirklich gefährlich, wenn nicht sogar ansteckend. Mit so einer Diagnose kriegt man bestimmt in Nullkommanix eine Mutter-Kind-Kur bewilligt – auch als Vater.

Bleibt das Rätsel der doppelbelasteten Männer. Wie passt das zu einer Studie des Deutschen Jugendinstituts, die bestätigt, dass »sich 80 Prozent der Männer durch die Existenz ihrer Kinder in keiner Weise beruflich oder sonstwie eingeschränkt fühlen«. Könnte natürlich sein, dass die befragten Männer mit letzter Kraft den Anschein eines souveränen Alleinverdieners aufrecht erhalten, in Wirklichkeit aber direkt nach der Befragung vor Erschöpfung zusammengebrochen sind. Vielleicht ist ihr Alltag hinter den Kulissen ein einziges Martyrium: Jeden Tag, wenn er sich nach 8 bis 16 Stunden harter Arbeit heimwärts schleppt, wartet dort eine nägelfeilende Hausfrau mit ihren läppischen Sorgen und gibt ihm den Rest. Weil sie darauf besteht, dass die Hausarbeit geteilt wird.

Was ist nur los mit uns Frauen? Waren wir nicht alle Zeugen, als der sportlich-attraktive Tony Blair, vierfacher Vater, plötzlich wegen Herzproblemen in eine Klinik musste? Währenddessen machte seine Cherie als Star-Anwältin Karriere. So kann man seinen Mann auch loswerden! Ganz anders die Frau unseres Superministers Clement, eine fünffache Mutter: Sie teilt in der *Gala* mit, dass sie es als ihre wichtigste Aufgabe betrachtet, »ihn auftanken zu lassen, bevor er wieder weggeht«.

Warum nehmen wir uns kein Beispiel an der Gattin unseres Kanzlers, die im Interview mit Gabi Bauer erzählt, dass sie es viel schöner findet, die Hemden ihres Mannes selbst zu waschen und zu bügeln, statt sie in eine unpersönliche Reinigung zu geben. Gerade mal 17 Prozent der Frauen in Deutschland, die zu Hause Kinder zu versorgen haben, arbeiten Vollzeit. Da bleibt doch wohl ein bisschen Zeit für ein paar Gefälligkeiten – erst recht, wenn man damit die psychische Gesundheit des Partners retten kann, oder?

Letztendlich darf man nicht vergessen, wie schwer sich Männer tun, wenn es um so komplizierte Verrichtungen wie das Kloputzen geht. Nur 3,6 Prozent der Männer stellen sich dieser Aufgabe regelmäßig und ohne massiven Druck durch die Partnerin, wie die Studie eines Heidelberger Instituts zu innerfamiliärer Arbeitsteilung besagt. Wenn sie sich doch mal überwinden, nehmen sie sich dafür dreimal so viel Zeit wie die Partnerin (immerhin!), um dann trotzdem kritisiert zu werden: »Du hast die Unterseite der Klobrille vergessen!« Meine Damen: Das ist nichts anderes als Haushalts-Mobbing!

Kein Wunder, dass sich die meisten Männer lieber in so simple Aufgaben flüchten, wie die Glühbirne zu wechseln oder das Auto nach der Waschanlage trocken zu fahren. Natürlich nehmen diese Tätigkeiten im Vergleich zum täglichen Dreckwegmachen nur einen Bruchteil der Zeit in Anspruch. Aber diese Erbsenzählerei bringt uns doch nicht weiter! Auch wenn Analysen des Deutschen Jugendinstituts bestätigen, dass selbst berufstätige Frauen doppelt soviel Hausarbeit verrichten wie ihre Männer. Entscheidend ist doch die gefühlte Arbeitsbelastung! Und da besiegeln die Umfragen des Instituts, dass Männer trotz widersprechender Zahlen felsenfest der Meinung sind, die Hälfte der Hausarbeit zu übernehmen. Sie lügen nicht, sie empfinden es so!

Ihrem Partner in diesem Punkt zu widersprechen, würde ihn naturgemäß völlig verwirren. Kein vernünftiger Therapeut würde seinem Patienten die Selbstwahrnehmung absprechen. Damit treiben sie ihn endgültig in den Wahnsinn. Wenn er dann wegen eines akuten Atlas-Syndroms zur Kur (ins Müttergenesungswerk?) muss, fällt er ja auch noch als Ernährer aus!

Also – schicken wir unsere Männer ruhig zur Autowaschanlage. Dann stehen sie uns auch nicht beim Hausputz im Weg, und wir können sicher sein, dass sie zwar erst Stunden später, dafür aber psychisch gesund wieder nach Hause kommen.

## Verstopfte Gefäße auf Freiersfüßen

Das letzte Weihnachten war ja das der einsamen Herzen, behauptet die *Bunte* jedenfalls und meint damit zum Beispiel Simone Kahn, Monika Vogts, die Frau irgendeines CDU-Abgeordneten oder Brigitte Gärtner, Gattin des winzigen deutschen Fernseh-Privatdetektivs Claus Theo Gärtner. Alle vier sind von ihren Männern verlassen worden, wegen einer blutjungen Geliebten. Bei den sechs anderen Frauen in dieser ergreifenden Aufzählung der *Bunten* kam der Tod oder das Pflegeheim dazwischen.

Nun sollte man meinen, dass es zwischen beiden Lebensumständen – also verlassen zu werden oder als Witwe zurückzubleiben – noch einen emotionalen Unterschied gibt. Gegen ein 20 Jahre jüngeres Busenwunder zu verlieren, ist ja ungleich demütigender und sollte bei den Betroffenen eigentlich Wut hervorrufen, zumindest wäre das die logisch-menschliche Reaktion. Der *Bunte*-Psychologe meint aber, der Kummer wird am besten gemindert, wenn man »anderen Menschen das gibt, was man selbst haben will: Aufmerksamkeit, Liebe, Nähe«. Wen man damit überschütten soll, wenn kein Mann in der Nähe ist und die Kinder aus dem Haus sind, verrät der Psychologe leider nicht.

Auf jeden Fall sitzen all diese Verlassenen und Witwen emotional irgendwie im gleichen Boot, denn in beiden Fällen hat ja das Schicksal zugeschlagen. Anders ausgedrückt: Ob die Vorsehung nun einen Herzinfarkt schickt oder ein blondes Partyluder – beides führt unausweichlich zum Ende der Beziehung. Für einen ehemals erfolgreichen Schauspieler in der dritten Midlife-Crisis sind die Chancen, von einer jungen, attraktiven, aber erfolglosen Schauspielerin angeschwärmt zu werden, ungefähr vergleichbar mit der Wahrscheinlichkeit einer koronaren Herzerkrankung.

Die Frage ist nur: Welcher der beiden Anfechtungen wird er früher erliegen? Ab einem gewissen Alter kann man ja den Gefäßen eines Mannes, der sein Leben lang gutes Essen, Alkohol und Zigaretten genossen hat, beim Verstopfen zusehen. Gleichzeitig wächst die Zahl der arbeitslosen Schauspielerinnen oder unterbezahlten Sekretärinnen, die verzweifelt genug sind, um sich selbst mit Tränensäcken und Hodenhang sexuell einzurichten.

Heiner Lauterbach zum Beispiel hat nach dem ersten Warnschuss seines vom Feiern mitgenommenen Körpers (Herzklappenprobleme!) sofort einen Neustart mit einer Anfang 30-Jährigen hingelegt und sogar gleichzeitig dem Alkohol abgeschworen. Sky Dumont, seit den 80er Jahren ergraut, aber im Gesicht glatt wie ein Babypopo, hat es ihm vorgemacht. Beide sind im Vorruhestandsalter Papa geworden. Es wäre also vielleicht nur eine Frage der Zeit gewesen, bis auch Klaus Löwitsch oder Harald Juhnke irgendein Prachtexemplar mit Vaterkomplex geschwängert hätten. Ohne pietätlos sein zu wollen: Den zurückbleibenden Ehefrauen bleibt doch einiges erspart, wenn er schon vorher das Zeitliche segnet bzw. im Pflegeheim verschwindet, oder?

Denn realistisch gesehen gibt es für die Herren keinen vernünftigen Grund, nicht zuzugreifen. Was hat man denn als alternder Mime noch vom Leben? Auf der Bühne zu sterben ist nur dann wirklich verlockend und nachruftauglich, wenn deren Bretter auch wirklich die Welt bedeuten. Also mindestens Burgtheater oder Hamburger Schauspielhaus, nur dafür hat nun mal nicht jeder das Talent. Serienangebote werden naturgemäß auch immer seltener, weil Zuschauer nun mal gern mit ihren Helden alt werden und nicht lange nach ihnen.

Was bleibt da noch, um die Angst vor dem Tod ein wenig zu dämpfen? Man fängt noch mal von vorne an und verewigt sich ein weiteres Mal im späten Nachwuchs. Ob der irgendwann Abitur macht oder gleich nach der Schule eine Drogenkarriere startet, kann den Herren egal sein, weil sie dann schon längst in Gottes Schoß ruhen. Mit ein paar Bypässen und etwas Glück erleben sie noch die Einschulung. Gegenüber den Kindern ist das vielleicht nicht ganz fair, aber welche Frau will darüber richten? Uns lassen die Hormone nach der Menopause schließlich in Ruhe. Besänftigt und gleichmütig können wir dann unseren Interessen nachgehen: eine Feng-Shui-Ausbildung machen, ehrenamtlich für Unicef arbeiten oder Enkelkinder hüten. Vielleicht sogar die späten Kinder des Ex-Mannes?

Was wissen wir davon, wie es sich anfühlt, wenn die ganze menschliche Evolution auf den eigenen Schultern lastet? Wenn der Hirnstamm bis ins hohe Alter ständig den Befehl sendet, sein kostbares Sperma auf so viele Frauen wie möglich zu verteilen? Welch eine Demütigung, sich mit Mitte 60 im Fitnessstudio anmelden oder den Blicken eines mitleidig lächelnden Disco-Türstehers standhalten zu müssen! Wir sollten dem lieben Gott danken, dass er uns für die zweite Hälfte unseres Lebens von dieser Geißel befreit hat, und großzügig den Weg frei machen für unsere 30 Jahre jüngeren Geschlechtsgenossinnen. Schließlich sind sie es, die sich dann mit Prostataproblemen und zu hohen Cholesterinwerten herumschlagen müssen. Wir sind das Problem gerade noch rechtzeitig losgeworden.

Auf der anderen Seite, also als potenzielle Partnerin eines solchen »Sugar-Daddy«, hat es durchaus etwas für sich, wenn man sich im besten Alter nach einem neuen Lover umschauen kann – mit einer fetten Lebensversicherungsprämie im Rücken. Allerdings sollte man bedenken, dass es inzwischen Männer gibt, die sich sehr viel länger halten als die statistische Prognose eben solcher Lebensversicherer.

Bei Franz Beckenbauer zum Beispiel muss man befürchten, dass er sogar seinen letzten Seitensprung-Spross überlebt. Das Bemerkenswerte an Herrn Beckenbauer ist ja – im Gegensatz zu Boris Becker –, dass er jeden Fehltritt in edler Altherrenmanier in Ordnung bringt, indem er die Dame ehelicht, statt nur großherzig Alimente zu zahlen. Deshalb kann er auch ohne den Hauch eines Imageverlustes für Mobilfunkbetreiber weiter Werbung machen: $O_2$ – ein Mann wie Sauerstoff – sauber, dynamisch, unschuldig. Becker dagegen ist bei AOL rausgeflogen.

Unser Kaiser gehört noch zu jener Generation von Männern, die den Sex nicht von der Liebe trennen können, obwohl das die öffentliche Moral schon längst nicht mehr von ihm verlangt. Rein äußerlich betrachtet, hätte er sich sogar nie zu seiner neuen Liaison bekennen müssen, denn schließlich gleichen sich seine Ehefrauen wie ein Ei dem anderen. Er hätte genauso gut behaupten können, es handele sich bei der Nächstjüngeren immer um dieselbe Frau, bloß frisch geliftet – wem wäre das aufgefallen?

Auch hinter der hohen Scheidungsfrequenz unserer höchsten Politiker steckt nicht etwa eine neue Dekadenz, sondern radikale Romantik, wie man sie bei jungen Männern kaum findet. Auf seinem langen Lauf zur ewigen Liebe ist Joschka Fischer gerade wieder fündig geworden. Auch dieses Mal hat sich seine Partnerin – getreu dem Vorbild seines Kanzlers – gegenüber der Vorgängerin verjüngt. Seit kürzlich eine 28-jährige Filmstudentin bei ihm eingezogen ist, fühlt sich der Außenminister »ausgeglichen wie lange nicht mehr«. Als Fischer vor einigen Jahren die Journalistin Nicola L. kennen lernte und blitzschnell ehelichte, waren die Verlautbarungen fast wörtlich dieselben und bei der damals 19-jährigen Claudia B. zumindest ähnlich.

Das nennt man »sequentielle Monogamie« und bedeutet soviel wie die Fortführung der 68er Ideologie »Wer zweimal mit der selben pennt ...«, bloß in größeren Abständen. Eine solche Beziehung beruht sozusagen auf einer zeitlich begrenzten »Bemühungszusage«. Insofern ist Fischer einer der wenigen, der die Fahne von damals – zumindest auf Halbmast – weiter hochhält. Allein diese Konsequenz verdient schon Bewunderung. Genau wie der emotionale Todesmut, mit dem er sich jedes Mal von neuem, wie sonst nur noch Liz Taylor, in eine vermeintlich ewige Liebe stürzt.

Dass aus der Ewigkeit nur ein paar Jahre werden, weiß man ja erst retrospektiv. Ist es nicht herzerweichend anrührend, wenn Fischer bei Biolek erzählt, dass er weiter an die große Liebe glaubt, »obwohl doch alles immer wieder im irdischen Jammertal endet, was so göttlich begann.« Noch vor zehn Jahren (also mit 27) hätte ich mich nach diesem Satz unsterblich in Herrn Fischer verliebt. Heute denke ich: »Geh mal lieber 'ne Runde joggen ...« Aber in Wahrheit ist man natürlich neidisch auf dieses leidenschaftliche Chaos aus himmelhochjauchzend und dramatischem Gefühlsabsturz. So etwas hat sich unsereiner das letzte Mal in der Pubertät erlaubt.

Die meisten Menschen machen spätestens nach dem zweiten Mal die Erfahrung, dass Verliebtheit zwar schön, aber keine Grundlage für eine Beziehung ist. Unser Außenminister verweigert sich diesem Lernschritt. Das ist sein gutes Recht und kein Grund, sich zu schämen. Immerhin teilt er diese Haltung mit berühmten Zeit- und Altersgenossen wie Dieter Bohlen oder Rainhard Fendrich (*Herzblatt*), die sich ebenfalls an rund 30 Jahre jüngere Lebensgefährtinnen halten. Seinen ranghohen Platz auf der Beliebtheitsskala deutscher Politiker ficht das nicht an – im Gegenteil, wie der *Spiegel* bestätigt. Politisch sei Fischer zwar ein Realo, privat aber »ein rettungsloser Utopist, verhaftet in der unberechenbaren Dialektik der Liebe«. Und die fällt wohl auch nach Meinung des *Spiegels* vom Himmel, da kann man nichts machen. Soll er vielleicht aus Mitleid bei seinen welkenden Frauen bleiben, zumal er sich selbst dank Marathon von 37 Kilo alternder Masse befreit hat?

Die Analyse des Fernsehastrologen Winfried Noé geht noch einen Schritt tiefer: Der Stier im Mond ist bei Fischer daran schuld, dass er »die permanente Anerkennung und Bewunderung seiner Talente durch die Partnerin braucht. Bleibt sie aus, sucht er sie sich instinktiv bei jemand anderem«. Kein Wunder, dass er die gleichaltrigen Fundi-Damen aus der eigenen Partei links liegen lässt. Die mäkeln ja immer nur an ihm rum – wegen irgendwelcher bedeutungsloser Bundeswehreinsätze etwa. Dabei ist es so einfach, den Mann bei der Stange zu halten – ab und zu mal ein Satz wie: »Das war doch gerade der Dick Cheney am Telefon, den du so zusammengefaltet hast, oder? Boooaaahhh!« Außerdem schützen stete Huldigungen vor Herzerkrankungen. Das sind wir Frauen dieser Regierung schuldig.

## Gut angezogen mit Kind

Das blutjunge Model auf Seite 19 der *Brigitte* trägt einen extrem kurzen Minirock, einen gestreiften Blouson, eine riesige Pilotenbrille und auf dem Arm einen circa sechs Monate alten Säugling. Wohlgemerkt – es geht hier nicht um Babyklamotten. Angepriesen wird die Mode im US-Stil: edel, zeitlos und trotzdem lässig. Was ist passiert? Hat die Stylistin am Morgen des Shootings ihren Babysitter gefeuert? Hat die Freundin des Fotografen ihn samt Kind sitzen gelassen? Vielleicht nur ein spontanes Zufallsfoto nach dem Motto: »Komm, das nehmen wir mit rein. Ist doch witzig.« Mitnichten – links daneben posiert das gleiche Model mit einer Schnullerflasche und auf den nächsten Seiten wird die Reihe »blonde Jungfrau mit Kind« fortgesetzt: Die Babys wechseln – blond, brünett, nackt oder im Body, kuschelnd auf dem Sofa, im Supermarkt (Bildunterschrift: »Irgendwo in Texas ist einkaufen mit dem Baby auf dem Arm auch nicht einfacher. Bequem angezogen bleibt man dabei lässig …«) oder der Wonneproppen liegt schlafend im Maxi Cosi, als verschwommene Hintergrund-Deko.

Das Model selbst ist nicht nur etliche Jahre vom Durchschnittsalter der ersten Schwangerschaft entfernt. Sogar für eine Eizellen-Entnahme – zwecks künstlicher Befruchtung nach der Karriere – wäre sie viel zu jung. Vielleicht ist die Fotostrecke auch eine Anspielung auf das typisch amerikanisch-prüde Problem der »Teenage Mothers«? Andererseits: soziale Brennpunkte als trashiges Fashion-Zubehör in einer Modegeschichte, das passt so gar nicht zur *Brigitte.*

Beim Zappen durch den Blätterwald stoße ich dann allerdings auf weitere Indizien für einen so genannten Megatrend: Gucci präsentiert in seinen Eyewear-Anzeigen nackte Windelkacker auf den Armen blonder Models mit riesigen schwarzen Sonnenbrillen, die bekanntermaßen jedes Kind unter drei sofort Zeter und Mordio schreien lassen. In einer Modestrecke der *Allegra* kommt gleich die ganze Sippe des Fotografen mit aufs Bild, Überschrift: »Wir machen in Familie!« Die Geschichte will laut Begleittext zeigen, »wie wunderbar das aktuelle Lebensgefühl mit den Modetrends fürs Frühjahr harmoniert«:

Fotograf Thomas Straub im Blumenhemd von Lezard beißt spielerisch in den Arm seines Sohnes Emil, der kopfüber im geblümten Karohemd von Mexx ins Bild ragt, während seine etwas verkrampft lächelnde Mutter (ebenfalls in einem geblümten Leinenhemd) versucht, ihn festzuhalten. Auf der nächsten Seite bestaunt der in Smoking und Converse-Turnschuhen gestylte Sohn des Kollegen Zennström seinen alleinerziehenden Vater dabei, wie er im Smoking (698 Euro) auf einem Skateboard durchs Zimmer schwebt. Am Ende ist eine weitere Fotografenfamilie im Trench abgelichtet. Allein der Babytrench von Burberry – für Kleinkinder im Nasenrotz- und Karottenbrei-Alter! – kostet stolze 400 Euro. Dann wird eben der nächste Familienurlaub gestrichen, da muss man Prioritäten setzen …

Nach zwei Jahrzehnten modischer Verirrungen, den androgynen Hedonisten der 80er und selbstverliebten Ich-AGs im Cargo-Stil der 90er, sind wir nun beim lebenden Accessoire angelangt: Man trägt wieder Kind! Das Motto steht zwar im krassen Gegensatz zur deutschen Geburtenrate von 1,35 Kindern pro Frau. Aber Trends sind ja dazu da, irgendwann massenkompatibel zu werden. Was den Beweis liefern würde, dass Marketingstrategen eher qualifiziert sind, die Rente zu sichern, als Politiker. Auf jeden Fall ist das Familienministerium mit einer ähnlichen Kampagne kläglich gescheitert.

Da selbst der Kanzler keine eigenen Kinder mehr zeugt, müssen glaubwürdigere Vorbilder her. Zum Beispiel Claudia Schiffer, die als blonde Madonna mit Sohn Caspar auf dem *Vogue* Titel thront und für eine Anschaffung wirbt, die sich die meisten noch viel weniger leisten können als die Lagerfeld-Roben, für die sie früher auf den Laufsteg ging: ein Baby!

Wie üblich zieht die *Bild Woche* ein paar Monate später nach und verkündet: »Ja zum Kind! Warum Familie wieder in ist ...« Auch diese Botschaft läuft konträr zur deutschen Realität, in der jede dritte Ehe geschieden wird und alleinerziehende Mütter die Sozialämter belagern, weil sie ohne Kinderbetreuung keinem Job nachgehen können.

Flankiert wird die frohe Botschaft von den In- und Out-Listen der Lifestylemagazine, bei *Amica* übersetzt in »heiß« und »kalt«. Danach ist schwanger sein total angesagt. Kinder adoptieren dagegen, »weil der dicke Bauch mit Karriereplänen kollidieren könnte«, das Allerletzte. Im Ranking der Lifestylesünden rangiert diese Verpisser-Nummer noch vor Tatjana Gsell (Millionenerbin, die mal unter dem Verdacht verhaftet wurde, ihren greisen Mann umgebracht zu haben) und »Schreinemakers« (die im Verdacht steht, endgültig die Quote der ARD zu killen). Demnach sind Schauspielerinnen wie Calista Flockheart und Angelina Jolie mit ihren Adoptivkindern auf dem absteigenden Ast. Während die Ex-Frau von Michael Stich und erfolglose deutsche Schauspielerin, Jessica Stockmann, noch gerade die Kurve gekriegt hat, indem sie erst ein indisches Baby adoptierte und sich jetzt vom Medien-Millionär Florian Haffa ein eigenes Kind machen ließ.

Andere Magazine bejubeln jede Schwangerschaft

eines Models, oft noch bevor der mutmaßliche Vater von seinem Glück erfährt. Laetitia Casta, Kate Moss oder Heidi Klum werden wahrscheinlich genau wie Claudia Schiffer wenige Wochen nach der Geburt (die dann meistens wegen verstauchter Gelenke o. ä. doch noch in einen wehenfreien Kaiserschnitt mündet) ohne Schlabberbauch oder Schwangerschaftsstreifen wieder in der Werbung auftauchen: Daran könnten sich die meisten deutschen Hausfrauen mal ein Beispiel nehmen.

Was denken sich die 200 000 erfolgreichen Frauen in Deutschland, die Jahr für Jahr in die Babypause verschwinden und nicht wieder in den Job zurückkehren? Fehlende Kita- oder Kindergartenplätze sind keine Entschuldigung. Die Schiffers und Klums der neuen Windel-Society (*Bild Woche*) müssen ihre Kleinen doch auch einer privaten Kinderfrau in die Hand drücken, sobald die Studioscheinwerfer angehen. Und wenn dafür das ganze Gehalt draufgeht? Da kann man nur sagen: Tant pis! Sie hätten ja auch was Vernünftiges lernen können, oder? Claudia Schiffer muss nebenbei sogar noch den Haushalt ihres 8,5 Millionen teuren 30-Zimmer-Anwesens im englischen Suffolk schmeißen. Und hat man sie trotz dieser enormen Belastung schon mal jammern hören? Im Gegenteil. »Ich liebe es, Mutter zu sein«, sagt sie und strahlt dabei wie aus dem Ei gepellt: schlanker denn je, keine Spur von Kotzflecken, nicht der Hauch einer Rotzfahne auf den edel umhüllten Schultern.

Und das, obwohl der Nachwuchs bei der Arbeit sogar zum Einsatz gebracht wird. Vorausgesetzt, es passt zufällig zum Produkt. Wie bei Working-Mum-Verona-Feldbusch, die ihren San Diego im neuen Telegate-Werbespot (11880) schon mal an sein hartes Schicksal als Working-Baby gewöhnt. In seinem ersten Profi-Spot musste er nur seinen Schnuller ausspucken, aber wie wir Blubb-Verona kennen, wird es nicht bei so simplen Herausforderungen bleiben. Da behaupte noch einer, die Kinder der Reichen und Erfolgreichen hätten es besser.

Normalo-Kleinkinder dürfen sich schließlich so anziehen, wie sie wollen. Der Sohn von Victoria und David Beckham wird seit seiner Geburt in Designer-Klamotten gesteckt. Madonnas Tochter läuft – im Einheitslook mit Mama – in Burberry-Karos herum. Was bleibt den Müttern auch anderes übrig? Mit einem Kind in Omas selbstgemachtem Strickkleid an ihrer Seite wären sie als Trendsetter fortan total unglaubwürdig. Auch wenn es Überwindung kostet – und ständige Umzieh-Arien nach sich zieht –, wenn man seine Kleinen in Cashmere-Röckchen von Versace pupsen lassen muss. (Zumindest kann man den Geruch mit Burberrys »Baby Touch Eau de Toilette« übertünchen.) Da kommt nicht nur Freude auf, wenn man einen milchbespuckten *Vogue*-Bambini-Overall nach dem ersten Tragen an die Putzfrau weiterreicht, weil die Flecken nicht mehr rausgehen. Kinderklamotten in dieser Preisklasse sind nun mal empfindlich. Dafür besitzen sie magische Kräfte, wie uns Nathalie Rykiel, verantwortlich für die Rykiel-Enfant-Linie, erklärt, denn »Kinder in luxuriöse Qualitätsprodukte zu kleiden ist ein Weg, sie vor der harten Wirklichkeit des Lebens zu schützen«.

Welche Mutter beißt da nicht an? Luxus-Kidswear als magische Tarnkappe für den brutalen Alltag. Ich habe diese Empfehlung mal ausprobiert und meine Kleine auf einem Flohmarkt für Marken-Kinderkleidung neu eingekleidet. Leider war das feine Gewebe nach der nächsten Malstunde in der Kita für immer verfärbt. Außerdem hat der gleichaltrige Lieblingsfeind meiner Tochter ihr auch an diesem Tag einen Trinkbecher über den Kopf gezogen. Und eines der Vorschulkinder fragte mich, ob sie jetzt »Kenzo« heißt, weil das auf ihrem T-Shirt und gleichzeitig auf dem Jäckchen stände. Diese Nobel-Outfits entfalten ihre optimale Wirkung wohl nur in der richtigen Umgebung, da können wir uns die Mieten aber nicht leisten. Dann bleibt mir wohl nichts übrig, als meine Kleine frühzeitig abzuhärten. Es sei denn, ich vermarkte sie als Accessoire für diverse Modestrecken. Dann kriegen wir das Geld vielleicht doch noch zusammen.

## Ran an den Speck

Gabi hat 30 Kilo verloren, erklärt der »Weight-Watchers«-Spot. Sie fühle sich großartig, betont sie selbst, und dass sie durch »Weight Watchers« ganz viel über gesunde Ernährung gelernt hat. Anscheinend hält Gabi trotz neuer Körperform an ihrem alten Kleidungsstil fest, denn die Bluse, die sie trägt, erinnert stark an die Modelle auf einer Kaufhauskleiderstange – ab Größe 46 aufwärts. Irgendetwas anderes ist auf dem Weg zum Traumgewicht trotzdem verloren gegangen. Nicht nur die Frau, der ganze Mensch ist geschrumpft. Gabi piepst tonlos, statt zu sprechen, und sie lächelt, als hätte ein neues Abführmittel ihre Erwartungen weit übertroffen.

Natürlich ist es gemein, so etwas zu behaupten, eigentlich sogar frauenfeindlich. Wahrscheinlich ist Gabi eine echte »Weight-Watchers«-Wiedererweckte. Vermutlich ist sie tatsächlich überglücklich über ihr neues Gewicht, und ihre Stimme war vielleicht schon vorher piepsig. Außerdem hat jeder, der freiwillig Rohkost mit

Magerjoghurt zu sich nimmt und es auch noch mental hinkriegt, so etwas als vollwertige Mahlzeit zu betrachten, meinen ganzen Respekt. Immerhin sieht Gabi um einiges besser aus als Daniel Küblböck in einer Größe-54-Plastikhose, die wegen fehlender Küblböckscher Körperfülle mit Mehlwürmern und Buschkakerlaken aufgefüllt werden musste.

Aber noch viel gemeiner ist es, dass der Jojo-Effekt schon in naher Zukunft dafür sorgen wird – vermutlich sobald dieser »Weight-Watchers«-Spot durch einen neuen ersetzt wird –, dass Gabi wieder in ihre 46er Bluse passt. Sie wird sie vielleicht sogar sprengen. Denn nach allen Erkenntnissen der Ernährungsphysiologie stellt ein Körper auf Sparflamme um, sobald ihm Nahrungsmangel vorgespielt wird. Erst gehen ein paar Pfunde runter, und danach lauern die Fettzellen auf jedes Molekül, das reinkommt, um gleich wieder doppelt aufzuspecken. Das heißt, die nächste Diät dauert zweimal so lang – und ewig grüßt das Murmeltier …

Ein Hungerhaken wie Küblböck könnte diesen Doppeltverwertungsreflex gut gebrauchen, auch wenn er nicht gerade für RTL im Dschungel darben muss. Leider hat ihn der liebe Gott genauso auf ein genetisches Gewicht festgenagelt wie die arme Gabi. Wenn das Europäische Institut für Lebensmittel- und Ernährungswissenschaften (kurz E. U. L. E. e. V.) Recht hat, kann Gabi noch soviel Salat und Küblböck misthaufenweise Mehlwürmer in sich reinstopfen, das wird nichts daran ändern, dass bei der einen irgendwann wieder die Röllchen rauspoppen und beim anderen die Rippenbögen. Über kurz oder lang pendelt sich jeder Körper wieder auf sein von Gott gewolltes Gewicht ein.

Es sei denn, dieser Körper gehört zum Beispiel Renée Zellweger – jener Schauspielerin, die sich schon zum zweiten Mal für die Rolle der Bridget Jones 30 Pfund anfrisst. Bei der Dame könnten wohl nicht mal die Ernährungsexperten von E.U.L.E. feststellen, welches Zielgewicht ihrem 1,65-Meter-Körper tatsächlich von der Natur zugedacht war – geschweige denn sie selbst: das der liebenswert schokovollschlanken Single-Frau, mit der sich Millionen von heimlichen Schokoladengenießerinnen (genau aus diesem Grund) identifizieren? Oder das des gequält grinsenden Hundeknochens, der ein halbes Jahr und eine Radikalkur später über den roten Teppich zur Oskarverleihung schwebt? Hat irgendjemand daran gedacht, dass sie ihre Anhängerinnen mit diesem Auftritt in tiefe Verzweiflung stürzt? Denn bis zu diesem Moment glaubten sie ja alle an die Authentizität der Bridget Jonesschen Speckröllchen.

Man könnte sich fragen, warum Hollywood lieber eine Magersüchtige mit Hilfe eines »fatness instructors« (kein Scherz!) auf Vollschlank-Maße hochzüchtet, statt gleich eine normalgewichtige Schauspielerin zu engagieren. Aber erstens lassen sich die 25 Millionen Euro Honorar kaum anders rechtfertigen, zweitens würde alles andere das gängige hollywoodsche Schönheitsideal in Frage stellen und damit die Preise der knochigen Kolleginnen (Nicole Kidman etwa, um nur eine zu nennen) versauen, und drittens muss man das Ganze mal volkswirtschaftlich betrachten:

Vermutlich ist der frustmotivierte Schokoladenkonsum vor dem Bildschirm beim Anblick der um die Hälfte geschrumpften Renée Zellweger sprunghaft angestiegen. Und in der Folge wahrscheinlich der Verkauf diätenpreisender Frauenzeitschriften sowie fettreduzierter Lebensmittel, was natürlich insgesamt den Verbrauch und damit die brachliegende Wirtschaft ankurbelt. Nicht zu unterschätzen sind auch die vielen Arbeitsplätze, die geschaffen werden: von der Forschung, über den Verpackungsdesigner bis zum Abfüller von »Dudarfst«-Margarine beispielsweise.

Am Ende potenziert sich sogar der Verbrauch herkömmlicher, kalorienreicher Leckerlis durch langjährige oder neu motivierte Bulimikerinnen, die ja bekanntlich sowieso ein Mehrfaches des normalen Bedarfs verzehren.

Die maßgebliche Triebkraft für den lang erwarteten Aufschwung sind demnach die Frauenzeitschriften mit ihrer ausgeklügelten Kombination aus unerreichbaren Vorbildern und passender Produktwerbung: Im ganzen Heft findet sich kein Model, das über 46 Kilo auf die Waage bringt. Dass sich diese Mädels größtenteils von in Orangensaft eingelegten Wattebäuschchen ernähren, wissen ja nur die Fotografen.

Zwischen den Modestrecken sind Anzeigen für Abführmittel, Appetithemmer und diätetische Snacks geschaltet. Diese wiederum werden zum Beispiel von einer Geschichte über die Hungertipps der weltweit bestbezahlten Schauspielerinnen flankiert. Nicht ohne investigativ-kritisch zu erklären, dass sich solche Menschen ja auch mehrere Stunden im Fitnessstudio abstrampeln und eigene Ernährungsberater beschäftigen, die jede Garnele auf ihren Fettgehalt checken. Aber der Artikel verspricht Rettung, denn am Schluss erfahre ich, dass solche »Personal Food Coaches« auch in Deutschland buchbar sind – ab 180 Euro pro Stunde. Auch kein Pappenstiel, aber auf jeden Fall ein Scherz verglichen mit dem Preis fürs Fettabsaugen, oder?

Zählt man die Preise aller Produkte auf diesen paar Seiten zusammen (inklusive der Kleider und Unterwäsche in Größe 34), die mir den Einstieg in eine handfeste Essstörung erleichtern sollen, dann kommt ein hübsches Sümmchen zusammen.

Ein Ausstieg aus der Konsum- und Hungerspirale wird schon durch die gezielte Plakatierung mit »H & M«-Postern an strategisch wichtigen Stellen (also an jeder Kreuzung oder Bushaltestelle) verhindert. Vor einem strahlend weißen Hintergrund robbt der von einem schwarzen Bikini knapp bedeckte Traumkörper einer Heidi Klum der unsichtbaren Kamera entgegen. So wird man gleich morgens, auf dem Weg zum Job oder in die Schule, zum Vergleich mit dem eigenen Nach-der-Dusche-Spiegelbild aufgefordert. Damit die Erinnerung an Speckröllchen und Cellulitis-Dellen bis zum Mittagessen nicht verblasst.

Mein persönliches Essverhalten könnte man in diesem Zusammenhang als asozial bezeichnen. Nicht dass ich stolz darauf wäre, aber für gewöhnlich erreichen die Mahlzeiten, die ich zu mir nehme, sogar den Darm. Mit einem leichten Völlegefühl kann ich außerdem am besten entspannen. Ein Gegenüber, das lustlos-aggressiv im Rucolasalat stochert, macht mich dagegen nervös. Deshalb habe ich einer meiner chronisch-auf-Diät-Freundinnen beim letzten Restaurantbesuch etwas von meinem Hackbraten mit Sahnesauce angeboten. Prompt kam es zum hysterisch gekreischten Eklat, als hätte ich der Guten einen Teller Fliegenpilze unter die Nase gehalten: »Bist du wahnsinnig? Willst du mich ummmmmmbringen?« Alle Köpfe im Restaurant drehten sich kauend in meine Richtung. »Das hat mehr Kalorien als mein Speiseplan für die ganze Woche ...«

Dabei hab ich es nur gut gemeint. Wo doch gerade in der Zeitung zu lesen war, dass die neueste Erkenntnis zum Thema Gewichtsreduzierung lautet: »Esst mehr Fett!« Das angesehene *New England Journal of Medicine* hatte berichtet, dass Dicke unter einer Fleisch-und-Fett-Diät besser abnehmen als mit der herkömmlichen, fettreduzierten Schlankheitskur. Übrigens sind die Forscher, die für diese Sensation verantwortlich zeichnen, dieselben, die ein paar Jahre zuvor die kohlenhydratreiche und fettarme Kost propagiert hatten. Aber wer Forschungsgelder haben und damit im Geschäft bleiben will, muss nun mal ab und zu die Richtung wechseln und ein paar Schlagzeilen unters Volk bringen.

Nur wenige Blätter haben über den tragischen Tod des Vaters der Kohlenhydrat- oder Low-Carb-Diät, Dr. Robert Atkins, berichtet, der angeblich an Kopfverletzungen gestorben ist (*Süddeutsche Zeitung*). Unerwähnt blieben die verstopften Arterien, das angegriffene Herz und das Sterbegewicht des Patienten: stolze 117 Kilo! (Laut Aussage seiner Frau medikamentenbedingt.) Trotzdem unterwerfen sich 50 Millionen Amerikaner den Regeln seiner Trennkost: Kein Brot, Reis oder Nudeln, dafür schon morgens ein Steak oder mehrere Omeletts. Inzwischen wurden 728 neue kohlenhydratarme Produkte auf den Markt geworfen, die in einer neu gegründeten Lebensmittelkette verkauft werden. In Deutschland hat die Low-Carb-Diät inzwischen die populäre Glyx-Diät aus den Schlagzeilen verbannt.

Peinlicherweise habe ich diese Trendwelle aber genauso verpasst wie die Blutgruppendiät, die Markert-Diät oder die Trennkost. Wahrscheinlich bin ich einfach zu blöd, um zu kapieren, was zum Beispiel die Blutgruppe mit der Verträglichkeit von Nahrungsmitteln zu tun hat. Ich habe keine Ahnung, welche Naturalien besonders viel Kohlenhydrate oder Eiweiße enthalten, und schon gar nicht, welche davon zu den so genannten Basenbildnern oder den Säurebildnern gehören. Ich weiß auch nicht, welche die Schilddrüse anregen, mehr Stoffwechselhormone zu produzieren. Wenn ich es wüsste, wäre ich Ernährungsphysiologin geworden, oder? Und die Brigitte-Diät kann ich mir nicht leisten, weil ich in einen Teilzeitjob wechseln müsste, um genug Zeit fürs Kalorienzählen, Auf-dem-Markt-Einkaufen sowie Abwiegen und Dünsten der Zutaten zu erübrigen. Wenngleich ich meine Freundinnen um die sinnstiftende Qualität solcher meditativen Tätigkeiten sehr beneide – ehrlich!

Leider bin ich mit diesem Problem ewige Außenseiterin bei vielen Frauengesprächen. Ist das Thema Abnehmen erst mal auf dem Tisch, verstehe ich nach einigen Minuten soviel, als würde ich einer Diskussion über Quantenphysik lauschen. Eine Zeit lang habe ich es mit Lügen versucht und behauptet, ich hätte eine von diesen Pulver-Diäten ausprobiert, davon aber Durchfall bekommen. Als wenn ich irgendetwas essen würde, das aussieht und riecht wie Moltofill-Spachtelmasse! Die Reaktion war jedes Mal die gleiche: »Durchfall? Das ist doch super! Da nimmt man gleich doppelt so schnell ab!« Wenn dann freudig-erwartungsvoll nach dem Namen des Wundermittels gefragt wurde, musste ich immer passen und war sofort wieder raus aus dem Gespräch. Auch bei Diätprodukten kann ich nicht mithalten, weil ich meist in letzter Minute vor Ladenschluss in den Supermarkt stürze und in der Eile schon an einem durchschnittlich bestückten Joghurtregal verzweifle: »rechts-

oder linksdrehend, mild oder mit lebenden Bakterienkulturen?«

Wenn ich bedenke, wie viel ich von meinem Geld dem Wirtschaftskreislauf vorenthalte – durch mein Unwissen und meine Ignoranz –, möchte ich endgültig im Boden versinken. Mit anderen Worten: Ja, ich bin mitverantwortlich für die brachliegende Konjunktur in diesem Land. Weil ich es trotz der verführerischen Anzeigen und überzeugenden Artikel in Frauenzeitschriften bis heute nicht geschafft habe, auch nur eine temporäre Essstörung zu entwickeln, mal abgesehen von meiner Schwangerschaft.

Kein Wunder, dass aus mir nichts geworden ist. Schauspielerinnen und Moderatorinnen, die in der *Bild*, *Gala* oder der *Bunten* mit mehr als einer Bildunterschrift bedacht werden wollen, müssen glaubhaft über eine akute oder überwundene Bulimie oder Magersucht berichten können, Bildunterschrift: »Schön wie nie zuvor!« Denn eine ausgeprägte Essstörung gehört zum aktuellen Lifestyle, wie ich bei der Lektüre eines *Allegra*-Artikels lernen musste: »Wer isst schon normal?«, werde ich auf dem Titel gefragt, Untertitel: »Fünf Frauen im Ernährungscheck.« Mensch, stimmt ja auch, fällt mir dazu ein, irgendwie haben wir ja alle so einen Futterspleen. Bestimmt bin ich nicht die einzige, die sich bei Liebeskummer Unmengen von Kartoffelbrei einverleibt. Erwartungsvoll schlage ich das Heft auf und stoße dann in dem Artikel als erstes auf eine BWL-Studentin, die mit ihrer jahrelangen Bulimie schon mehrere Male in stationärer Behandlung war. Und direkt darunter erklärt dann ein Experte, dass Diäthalten und Kalorienzählen ganz sinnvoll sein kann. Bei ein paar Litern Mineralwasser und einem Apfel pro Tag muss man ja auch nur bis drei zählen können.

Im ersten Moment dachte ich, ich hätte mich in der Seite geirrt, aber da steht's zur Beruhigung noch mal drüber: »Wer isst schon normal?« Anders ausgedrückt: Sind wir nicht alle irgendwie krank? Endlich hat eine Frauenzeitschrift das Lebensgefühl einer ganzen Generation auf den Punkt gebracht – welch eine Befreiung! Nach dem Motto: »Ist die Essstörung erst mal etabliert, lebt es sich ganz ungeniert!«

## Im Bett mit PET

Der kleine Unterschied gebiert ja tatsächlich auch Ungerechtigkeiten zum Nachteil des Mannes. Damit meine ich nicht das geltende Scheidungsrecht oder die fehlende Gebärfähigkeit der Männer. Ich spreche von der weiblichen Wissensherrschaft über ein heikles Detail im gemeinsamen Sexualleben, eines der letzten Mysterien der menschlichen Natur: War das unterschwellige »Mmmmmhhh«, abgelöst von immer lauter tönendem Wimmern, ersetzt durch brummendes Jauchzen und final explodierend in einem einzigen gedehnten Schrei … – war all das echt oder nur vorgetäuscht?

Noch vor ein paar Jahrzehnten ließen sich die meisten Männer direkt nach dem Akt einfach zufrieden grunzend zur Seite fallen und fielen innerhalb von Sekundenbruchteilen in tiefen Schlaf. Heute liegen sie hellwach neben ihrer wohlig schlummernden Partnerin und sinnieren: »War das nicht eine Spur zu theatralisch für einen authentischen Orgasmus?« Nun ja – wenn er dem oben beschriebenen musikalischen Verlauf ähnelt, dann handelt es sich mit großer Wahrscheinlichkeit um einen »fake«, wie die Amis so brutal sagen.

Das neue Männermagazin *Matador* (Untertitel:»Männer wollen's wissen«) erklärt seinen Lesern die physischen Vorgänge im tiefsten weiblichen Innern en detail, damit sie den Orgasmus der Partnerin nicht verpassen: »3 bis 5 rhythmische Kontraktionen, die sich dann nach weniger als einer Sekunde mit nachlassender Intensität mehrmals wiederholen können. Dauer: 3 bis 10 Sekunden.« Man kann nur hoffen, dass keiner der *Matador*-Käufer diese Statistik mit der Stoppuhr überprüft hat, denn das würde wohl jeden echten Orgasmus der Partnerin vorzeitig zum Abflauen bringen. Als Leser**in** dieses Artikels fragt man sich außerdem: Sollten Männer tatsächlich in der Lage sein, diese Kontraktionen am eigenen Genital zu verspüren, dann gäbe es doch keine Zweifel mehr über echte oder unechte Höhepunkte. In diesem Fall würde ihm die *Matador*-Redakteurin aber auch nichts Neues erzählen. Der Mathelehrbuch-Ton des Info-Kastens über »ihren Orgasmus« lässt aber ahnen, dass hier tatsächlich Aufklärung an Ahnungslosen betrieben wird.

Ein anderer Beweis für die männliche Unsicherheit in dieser Frage ist die Tatsache, dass sich inzwischen sogar die Forschung damit beschäftigt. Natürlich könnten die Betroffenen ihre Partnerin auch einfach fragen. Wenn man jedoch weiß, dass die meisten Männer sich eher die

Zunge abschneiden, als auf der Straße nach dem Weg zu fragen, dann ist klar, dass sie dieses Rätsel auf keinen Fall verbal bewältigen werden.

Stattdessen hat ein Professor der anatomischen Abteilung der Universität Groningen unlängst acht Probandinnen in einen Positronen-Emissions-Tomographen, kurz PET, geschoben, der während eines echten und eines vorgetäuschten Orgasmus alle Hirnaktivitäten aufzeichnete. Und siehe da: Beim richtigen Orgasmus blitzt es im tief gelegenen Hirnstamm, beim »fake« regt es sich bloß in der Großhirnrinde. Was beweist, dass weibliche Orgasmen so alt sind wie die Entwicklungsgeschichte des Menschen überhaupt. Schließlich gehört der Hirnstamm zum ältesten Teil unseres Cerebrums, der Rest wurde im Laufe der Jahrtausende dazu evolutioniert. 600 000 Jahre Homo sapiens und 100 Jahre moderne Medizin haben den Mann nicht weiter gebracht als bis zu einer riesigen Stahlröhre, die feststellt, welche der vielen grauen Zellen denn nun wirklich erregt sind, wenn wir kommen. Herzlichen Glückwunsch!

Und nun die bescheidene Frage eines unwissenden Weibchens: Was macht »Mann« mit dieser Erkenntnis? Denn ohne diesen Positronen-Emissions-Tomographen weiß er ja immer noch nicht, ob er nun verarscht wird oder nicht. Will er sie vielleicht bis zur Bewusstlosigkeit lieben und dann heimlich in das Labor eines Sexualforschungsinstituts verfrachten? In der Hoffnung, sie lässt sich das Schäferstündchen in einer kalten und lauten

Stahlröhre als Fantasienummer à la »Stell-dir-vor-wir-haben-Sex-in-einer-Raumstation«-Nummer verkaufen? Wohl kaum.

Selbst wenn er es schafft, sie zu betören, und angenommen, es stellt sich heraus, sie hat nur geblufft – wie würde dann wohl die postkoitale Konversation verlaufen? »So, so, du fandest es also toll!? Und wieso war dann in deinem Hirnstamm tote Hose? Hä?« »Was hat denn mein Hirnstamm damit zu tun? Was ist das überhaupt?« »Jetzt spiel hier doch nicht die Naive! Ich habe doch genau gesehen, dass deine Großhirnrinde mir was vorgemacht hat. Da kannst du mir auch gleich was von Kopfschmerzen erzählen, das wäre wenigstens ehrlich!« usw.

Fragen wir doch mal anders herum: Was ist denn überhaupt so schlimm an einem gelegentlichen Großhirnrindenorgasmus? Natürlich nur, solange es nicht zur Regel wird und ihn glücklich macht. (Uns ja vielleicht auch, weil wir an diesem Abend neben einem zufrieden grunzenden Mann einschlafen können.) Mit Wissen muss man nämlich umgehen können, und haben wir heutzutage nicht schon genug sexuelle Probleme? Was hat es uns Frauen gebracht, als eine Urologin vor fünf Jahren herausfand, dass unsere Klitoris anatomisch betrachtet größer ist als ein durchschnittlicher männlicher Schwellkörper? Außer, dass die männliche Sexualforschung bis auf die Knochen blamiert wurde. Haben wir deshalb besseren Sex, mehr Macht oder Geld? Können wir jetzt im Stehen pinkeln?

Nebenbei – sind es nicht gerade die Geheimnisse des anderen Geschlechts, die eine Beziehung lebendig halten? Solange ein Mann über unsere Hirnströme nachdenkt, verliert er bestimmt nicht das Interesse. Deshalb plädiere ich dafür, ihn auch weiterhin in Unwissenheit vor sich hin brüten zu lassen. Außerdem dient das letztendlich nur der ausgleichenden Gerechtigkeit: Wie oft ist er nach einem Streit ohne Probleme eingeschlafen, während wir heulend unser Tagebuch vollgekritzelt haben?

Selbstverständlich will ich keine Frau zum Schauspielern überreden, die weder Lust noch Begabung dazu hat. Man könnte ja auch mal **sein** sexuelles Talent in Frage stellen, bevor uns Forscher mit Hirnmessgeräten auf die Pelle rücken. Stattdessen werden wir mit den Tipps einer cosmopoliten Frauenzeitschrift belästigt, die uns erklären will, wie **wir** ihn dazu bringen, **uns** einen echten Orgasmus zu bereiten. »Lust auf guten Sex?« wird da gefragt und in der Unterzeile das Versprechen: »So verwandeln Sie Ihren Süßen in einen echten Superlover!« Los geht's: Erst soll sie seine Zunge so dirigieren, dass die Klitoris zwischen seinen saugenden Küssen noch mehr gereizt wird. Wenn das nicht klappt, muss sie seine Finger eben an die richtige Stelle manövrieren oder gleich selbst Hand anlegen. Und wenn sie dabei noch beißt, faucht und knurrt, wird ganz tief in ihm (im Hirnstamm?) das Tier geweckt.

Tagsüber sollen wir unseren Partner mit spontanem

Telefonsex überraschen, ihm lüsterne Mini-Stories auf die Mailbox säuseln oder erotische Wunschzettel schreiben. Klar! Nach dem Job und vor dem Wäschewaschen oder lieber nachmittags, wenn die Kinder ihre Hausaufgaben machen? Da kann man parallel gleich den Einkaufszettel verfassen. Natürlich ohne was zu verwechseln, sonst steht da unter »Einmal so richtig von hinten genommen werden« »Eine Lauchstange« oder »Zwei 40-Watt-Birnen«. Wie abtörnend …

Folgender Gegenvorschlag: Warum nehmen wir uns nicht einfach ein Beispiel an den Probandinnen unseres Hirnprofessors? Schließlich hatten die an der Sache den meisten Spaß – und das mit minimalem Aufwand! Die Damen mussten nämlich nichts weiter tun, als regungslos auf dem Rücken zu verharren und sich von ihrem Partner mit der Hand verwöhnen zu lassen. Alle hatten innerhalb der vom Labor vorgeschriebenen 40 Sekunden ihren Orgasmus. Was lernen wir daraus? Die Wahrheit steckt im Versuchsaufbau!

## Mutter sein und Mensch bleiben

Ich stecke mitten in einem unfreiwilligen Reaktionstest. Als erstes fliegt eine Shampooflasche in die Badewanne, dann feuert meine Tochter eine Windel hinterher, schiebt den Radiowecker an, sodass er ins Waschbecken kracht, entreißt mir den Löffel mit Hustensaft und gießt ihn sanft lächelnd darüber. Das alles vollführt sie vom Wickeltisch aus, in einer gekonnten 180 Grad Drehung von links nach rechts und zurück. Dabei schafft sie es auch noch, den Gegenständen genüsslich hinterher zu schauen, während meine Hände im Zeitlupentempo durch die Luft rudern und immer einen Sekundenbruchteil zu spät am Ort des Geschehens ankommen. Und das ist auch gut so, denn sonst hätte ich vielleicht die intellektuelle Entwicklung meines Kindes behindert: Immerhin hat der *Spiegel* dem Thema kindliche Intelligenz eine große Titelgeschichte gewidmet, und dort wird erklärt, dass meine Tochter bei diesem Nonsens sehr wohl ein höheres Ziel verfolgt – und zwar ein physikalisches. Nicht meine Geduld wird auf die Probe gestellt, sondern die Schwerkraft. Es ist mir vergönnt, live dabei zu sein, während mein Kind Versuche nachstellt, die schon den alten Newton ins Grübeln brachten. Genauer gesagt experimentiert es mit der Flugkurve von Gegenständen. Ist das nicht großartig?

Oder vielleicht doch eine gewagte These? Inzwischen zielt die Kleine nämlich auf meinen Kopf. Ein Zahnputzbecher fliegt knapp an meinem Ohr vorbei, das Fieberthermometer trifft mich am Kinn und die Tube mit Zinkpaste ins Auge. Schluss mit Experimenten! Ich stelle meine Tochter auf dem Boden ab, um mein tränendes Auge zu inspizieren und löse damit bei ihr einen Wutanfall aus, der ihre viereckig-beleidigte Unterlippe zum Vibrieren bringt. Jetzt bloß nicht nervös werden. Ein falscher Reflex in einem solchen Augenblick könnte sich im Laufe der Zeit zu einem Berg aus Fehlreaktionen summieren und meine Tochter bis zur Pubertät in ein Monster verwandeln. Schnell noch mal die *GEO* konsultiert, da steht's: »Zwangsprozesse sabotieren den Gehorsam.« Was allerdings nicht heißen soll, dass ich sie wieder auf dem Wickeltisch Platz nehmen lasse, denn »effektive Erziehung ist der richtige Umgang mit Vehaltensverstärkungen«. Wer ein bestimmtes Benehmen erwartet, muss es positiv bekräftigen, soll das heißen – durch Lob, Belohnungen und Aufmerksamkeit. Leider zeichnet sich im Gebaren meiner Tochter im Moment nichts ab, was man mit gutem Gewissen loben könnte: Schreien im höchsten Crescendo, Fußtritte gegen meine Waden, gefolgt von einem Schwanentod auf dem Badezimmerteppich.

Die »hohe Kunst der Nicht-Verstärkung«, erklären mir die *GEO*-Reporter, erfordert eben besondere Techniken, zum Beispiel das »absichtliche Ignorieren«. Also steige ich über den sterbenden Schwan hinweg, lasse ihn im Badezimmer zurück, hole mir einen Kaffee und studiere eine andere *GEO*-Ausgabe, die »Das aggressive Kind« auf den Titel gehoben hat. Wahrscheinlich bin ich nicht die einzige Mutter, die davon albträumt, irgendwann dem eigenen Kind im Aufmacher einer Tageszeitung zu begegnen: »Amoklauf im Supermarkt: Weiblicher Teenager hinterlässt ein Blutbad! Ein Mitarbeiter wollte sie davon abhalten, mit Shampooflaschen um sich zu werfen!« In der *GEO*-Reportage wird prompt ein kanadischer Forscher zitiert, der behauptet, dass »Kleinkinder nur deshalb niemanden umbringen, weil wir ihnen keinen Zugang zu Waffen geben«. Ich vergewissere mich kurz, dass die Schublade mit den Küchenmessern gesichert ist, lese weiter und erfahre, dass es vielleicht schon zu spät ist, denn inzwischen wird schon im Mutterbauch nach den Faktoren für eine kriminelle Karriere gefahndet. Eine Schwangere, die unter psychischen Problemen oder starkem Stress leidet, könnte unbewusst dazu beitragen, dass sich ihr Baby später zu einem hyperaktiven Hohlkopf entwickelt.

Was ist denn wohl unter starkem Stress zu verstehen, fragt sich nun jede Ex- oder aktuell Schwangere: dass alle Geburtsvorbereitungskurse bereits ausgebucht sind (was mich damals zum Heulen gebracht hat)? Oder geht's um ganz andere Hiobsbotschaften: Eine Kündigung droht? Der Vater bekommt plötzlich kalte Füße? Etc. Das große Problem dabei ist ja die Tatsache, dass sich solche Zustände nur selten von heute auf morgen abstellen lassen. Wenn ich also als Schwangere mit schwierigen sozialen Bedingungen zu kämpfen habe, wird mich dieser Artikel wahrscheinlich zusätzlich unter Druck setzen. Nach dem Motto: »Scheiße, er haut ab. Aber wenn ich jetzt nicht entspannt bleibe, kriege ich auch noch ein Problemkind!?«

Gott sei Dank entstammt der durchschnittliche *GEO*-Leser ja eher selten einer sozial schwachen Problemfamilie, sondern einem Umfeld, das sich auch bei so intimen Dingen wie Kindererziehung lieber auf unabhängige Quellen als auf den eigenen Bauch verlässt. Angesichts der widersprüchlichen Literatur, die zum einen die Medien, zum anderen die Working Mums für die Erziehungsnotstände verantwortlich macht, produziert so eine Erziehung unter Umständen ziemliche Verwirrung und in der Folge manchmal entsprechend schwierige Kinder. Aber man kann es hinterher wenigstens erklären: »Tut mir leid, dass er geklaut hat. Eigentlich wollte ich mir eine Teilzeitstelle suchen, aber dann haben wir doch bloß den Fernseher abgeschafft.«

Der Trend zur Rechtfertigung wächst mit der Vielzahl medialer Ratschlaggeber, die jede aktuelle Erkenntnis aus den Wissenschaftsfeldern Medizin, Psychologie, Soziologie und vor allem Neurophysiologie ausschlachten und zu einer »So wird ihr Kind glücklich/friedlich/abwehrstark/leistungsfähig/kreativ/intelligent«-Story verarbeiten. Dass inzwischen ein Reportagemagazin, das sonst eher in die Welt der Nanotechnologie oder ins »Reich der blauen Reiter« (der Tuareg) vorstößt, nun auch noch mit Elternratgebern konkurriert (*Spiegel* oder *Focus* machen es vor), ist ein Phänomen der letzten Jahre. Angesichts der Bevölkerungsentwicklung müssten sich diese Zeitschriften eigentlich eher auf eine gerontologische Zielgruppe einschießen. Denn die deutsche Geburtenrate ist auf dem niedrigsten Stand in der Geschichte der Bundesrepublik. Dementsprechend müssten die Pädagogik-Reportagen (»Was Eltern besser machen können«) eher unter das Stichwort »Artenschutz« fallen. Ein Blick in deutsche Kinderzimmer scheint für manche Menschen inzwischen ähnlich viel Exotik zu beschwören wie eine Fotoreise zu den Einwohnern des Südseestaates Tuvalu (siehe *GEO*).

Wo man sich als Mutter so manches Mal hinwünscht, wenn man sich erst mal in der Gewissensspirale aus Milchpumpe, Mandelmus und Mama-Kind-Turnen verirrt hat. Da Kinder schon längst keine Selbstverständlichkeit sind, ist auch der richtige Umgang mit ihnen ein lebenslanges Weiterbildungsprojekt. Jedes Wissen, jeder Aberglaube rund um Schwangerschaft und Geburt mündet in ein Abend- oder Wochenendseminar. In bestimmten Gesellschaftskreisen gelten zukünftige Mütter, die sich nicht akupunktieren lassen und keinen Yogakurs besuchen, als Risikoschwangere. Seit man weiß, dass das Kind durch die Bauchdecke hindurch einiges wahrnimmt, will man Neugeborene schon im Mutterleib mit möglichst vielen Aspekten der Welt, die sie sowieso bald kennen lernen, bekannt machen. Ist es fair, einen Fötus mit Lichtorgeln und Abzählreimen zu belästigen oder ihn mit Verdi-Opern zu beschallen, damit er sich zum Musikgenie entwickelt? Wozu verbringt ein Kind fast zehn Monate im Bauch, wenn es da drin nicht seine Ruhe haben müsste und sollte? Sonst hätte die Evolution es doch wohl so eingerichtet, dass wir den Nachwuchs bis zur Reifung in einem Bauchbeutel mit uns herumtragen, oder? Ich muss zwar zugeben, dass ich während der Schwangerschaft auch öfters mal Mozart gelauscht habe, aber nicht durch ein so genanntes Fötaltelefon auf meinen Bauch. Das ist wahrscheinlich der Grund, warum meine Kleine schlagartig schlechte Laune bekommt, wenn sie heute Klassik hört. Aber ausgerechnet bei Dixie-Jazz, den ihr Vater und ich grauenvoll finden, gerät sie in Verzückung.

Vielleicht hätten wir sie schon im Kreißsaal auf Klavierkonzerte einstimmen sollen. Bei Kerzenschein und Jasminaroma – eines der ätherischen Öle, die helfen sollen, »sich dem Geburtsgeschehen ganz hinzugeben«, wie die Zeitschrift *Eltern* auf ihrer Homepage erklärt. (Über den Begriff »hingeben« in Zusammenhang mit einem Vorgang, der sich anfühlt, als würde einem jemand die Hüftknochen auseinander sägen, würde ich gern mal mit dem Autor diskutieren.) Passend dazu lesen sich die Beschreibungen moderner Geburtsstationen heutzutage wie Einladungen zu einem Wellness-Kurztrip.

Gerade weil sich die Kliniken im Konkurrenzkampf um die wenigen Kunden soviel Mühe geben, fällt auch die Wahl so schwer und mündet oft in einen Besichtigungsmarathon über mehrere Wochen. Dabei lockt man die Frauen mit schallgedämpften und flötenmusikbeschallten Stillzimmern in Pastell, die Männer mit einem Fernsehzimmer (Premiere und PayTV-Empfang!) und einem 24-Stunden-Buffet für den kleinen Heißhunger zwischen zwei Wehen. Die neue Hamburger Klinik für Geburtshilfe beispielsweise hat sich bei der Neugestaltung der Kreißsäle und der Wochenstation sogar von einem Feng-Shui-Meister beraten lassen. Ob sich eine Gebärende durch positive Farben, Plätscherbrunnen oder Windspiele von den Presswehen ablenken lässt? Vielleicht von den vielen Spiegeln, die das schlechte Chi abschrecken sollen? (Schließlich gibt es ja auch genug Liebespaare, die sich beim Sex gern selbst zuschauen!)

Was eine Mutter jedoch auch nicht vor dem Spießrutenlauf nach Verlassen des Kreißsaals schützen kann. Denn ab jetzt hat sie eigentlich nur noch eine Chance: fast alles falsch zu machen. Wehe, wenn sie eines der im *Spiegel* beschriebenen Entwicklungsfenster verpasst. Das soziale Fenster, entscheidend für den Kontakt zum

Mitmenschen, klappt zum Beispiel mit drei Jahren zu. In der Zeit davor muss die Mutter auch unbedingt jeden »Sprechversuch« des Kindes »begeistert kommentieren«. Denn: »Verpasste Momente für den Spracherwerb oder für feinmotorische Bewegung lassen sich nie wieder nachholen. Die Folgen: körperlich zurückgebliebene Sitzzwerge, deren erste Schreibübungen schon deshalb gefährdet sind, weil ihre Hände kaum feine Bewegungen trainiert haben.«

Falls Sie dann tatsächlich so einen Krüppel mit zwei linken Händen Ihr Kind nennen, bietet die Zeitschrift *Eltern* im Artikel über »Erste Hilfe für gestresste Eltern« unter anderem folgenden Tipp: Kaugummi kauen, das entlastet die vom Zähneknirschen angespannten Kiefermuskeln. Oder Sie bewerben sich bei der nächsten *Big Brother*-Staffel und verschwinden einfach für ein Jahr. So hat es eine der Kandidatinnen im Survival-Bereich des neuen Drei-Klassen-Containers gemacht und wurde dafür von der *Bild*-Zeitung als Rabenmutter vorgeführt. Gleich nebenan, im Luxusbereich, sitzt zwar auch ein Vater, der seine kleine Tochter zurücklässt. Aber der durfte sich vor laufenden Kameras und unter Anteilnahme der Moderatorin und des Publikums mit viel Pathos verabschieden.

In jeder *Eltern*-Ausgabe gibt es drei Seiten für Themen, die von Lesern vorgeschlagen werden. Ich glaube, ich werde eine Frage hinschicken: Wie kann man Mutter werden und trotzdem Mensch bleiben?

## Schön operierte neue Welt

Wenn ich jetzt den Wasserstand in meiner frisch gefüllten Badewanne mit dem Pegel vergleiche, der entstanden ist, seit ich drinsitze – dann müsste ich doch irgendwie auf das Volumen meines Körpers kommen, oder? Ich würde jetzt gern meinen physikalisch versierten Mann fragen. Andererseits bin ich sehr froh, dass er nicht sehen kann, wie ich mit dem Zentimetermaß aus seinem Werkzeugkasten zwischen meinen schaumbedeckten Gliedmaßen hantiere. In den lächerlichsten Situationen seines Lebens muss man sich allein behaupten. In diesem Fall bin ich gerade dabei, meinen Schönheitsquotienten zu berechnen. Denn wie schon eine große Frauenzeitschrift festgestellt hat, ist es doch immer noch so: »Was nützt einer Frau ein IQ wie Einstein, wenn sie aussieht wie sein Zwillingsbruder?«

Also gehe ich lieber auf Nummer sicher. Mit Hilfe einer neuen Formel, die an der Polytech University von Hongkong entwickelt wurde: »$V : G^2 = S$«. Ich nehme mein Körpervolumen, dividiere den Wert durch die Körpergröße hoch zwei und schon weiß ich, ob ich schön bin oder nicht. Wenn sich die errechnete Zahl auf neun zubewegt, ist alles in Ordnung und ich habe den mathematisch ermittelten Beweis, dass meine Schwester (»Von uns beiden bin ich die Hübsche!«), meine Feinde an der Grundschule (»Brillenschlange, Brillenschlange!«) und ein Fernsehproduzent, der inzwischen pleite ist (»Wenn du Karriere machst, dann trotz deines Aussehens und nicht wegen ...«) sowie viele Menschen, die mich angesichts meiner Eitelkeit schonen wollen und schweigen, unrecht haben. Leider scheitert das Vorhaben an der Tatsache, dass ich unmöglich gleichzeitig den Kopf unter Wasser halten und das Zentimetermaß ablesen kann.

Um die Alltagstauglichkeit geht es bei der Formel wohl auch weniger. Auf entsprechende Kritik meinte ihr Erfinder, dass man auch ohne Messung durch bloßes Hinschauen zu dem gleichen Schluss kommt – nämlich intuitiv. Aha! (Wissenschaft muss sich ja nicht rechtfertigen ...) Blöderweise habe ich diesen Teil des Zeitungsartikels erst gelesen, nachdem ich das Badezimmer unter Wasser gesetzt hatte und fast ertrunken wäre.

Dabei wird es ständig riskanter, sich auf seine Intuition zu verlassen, denn was einem da draußen begegnet, ist immer öfter das Ergebnis von Manipulation. Was man intuitiv für schön hält, ist in Wahrheit vielleicht die Leistung eines Chirurgen und kommt in der Natur so gar nicht vor. Claudia Schiffer verrät in ihrem neuen Werbespot für eine faltenreduzierende Gesichtscreme, dass »die Schönheitschirurgie ruhig noch warten kann«. Aber wer kann denn heutzutage sicher sein, dass Claudia Schiffer nicht sowieso ein Kunstprodukt der Schönheitsindustrie ist? Interessant an dem Spot ist ebenfalls, dass die Kosmetikindustrie zum ersten Mal ihre Angst vor dem großen Konkurrenten verbalisiert und dabei offenbar davon ausgeht, dass alle Frauen, die 50 Euro für eine Creme hinlegen, praktisch schon auf dem Absprung für ihre erste Schönheits-OP sind, obwohl die mindestens das 30-fache kostet. Das heißt unterm Strich: Die Kosmetikindustrie nimmt an, dass die meisten Frauen verzweifelt genug sind, um sich früher oder später unters Messer zu legen. Deshalb versucht sie ebenso verzweifelt, die Frauen zu überzeugen, doch vorher noch ein paar hundert Euro in Kollagen oder Lycopine zu investieren. Und die Operationsstatistiken geben ihr Recht.

Die Zahl der Korrekturen mit Skalpell, Laser, Säure oder Gift hat sich allein in den letzten drei Jahren auf über eine Million mehr als verdoppelt. Angesichts der vielen Cleopatra-Nasen, Spoiler-Brüsten und Tennispopos, von denen ich inzwischen umzingelt bin, ist mein Bauchgefühl in Sachen natürlicher Schönheit auf jeden Fall flöten gegangen.

Wenn ich eine meiner Altersgenossinnen frage, warum die letzten 15 Jahre scheinbar spurlos an ihnen vorbeigegangen sind, kann ich mich nicht mal auf meine typisch weibliche Intuition als Lügendetektor verlassen, weil die Mimik der Betreffenden mit Hilfe von Botox lahmgelegt und in das unlesbare Antlitz einer Sphinx verwandelt wurde. Vielleicht tue ich den Damen aber auch furchtbar unrecht. Vielleicht sind ihre glatten Gesichter nur das Ergebnis von drei Litern Evian am Tag, mehreren Pilatesrunden und Kosmetiksitzungen in der Woche, einer Ayurveda- sowie einer Heilfastenkur pro Jahr?! Und ich als unsportliche Schlampe bin wahrscheinlich einfach nur neidisch auf so viel Selbstdisziplin, beziehungsweise auf den stinkreichen Gatten, der diesen Lebensstil im eigenen Interesse finanziert?

Gut möglich. Wäre da nicht die Portion Menschenkenntnis, die man neben Krähenfüßen und Orangenhaut mit dem Alter geschenkt bekommt: Wer schon früher den Schulsport geschwänzt hat, ein Leben lang mit dem Auto zum Briefkasten fährt und Langeweile mit Schokolade bekämpft, der wird ab 30 nur selten zum Asketen und Marathonläufer. Wozu der ganze Stress, wenn man 15 Jahre mit ein paar Injektionen oder mit dem Skalpell verschwinden lassen kann?

Die Frage Nummer eins heißt schon längst nicht mehr: »Bin ich schön?«, sondern: »Bin ich schön genug?« Gemessen an dem aus Medien- und Werbevorbildern zusammengeklonten Ideal muss man diese Frage ein Leben lang mit »Nein« beantworten. Denn wenn alle ererbten Eigenheiten wie Segelohren, Speckröllchen oder Muttermale beseitigt sind – die *Bunte* spricht von »Beautymakeln«, die Fachärzte »wegzaubern« können –, dann geht es auch schon mit den ersten Alterungsprozessen los, die rückgängig gemacht werden müssen. Auf diese Weise mutieren alle Frauen zum Provisorium auf zwei Beinen, es lässt sich immer noch was nachbessern. Der ganze Körper – eine einzige große Problemzone: Was machbar ist, wird auch gemacht und erscheint dann ganz schnell als Selbstverständlichkeit. Ähnlich wie in der Pränataldiagnostik: Seit es Fruchtwasseruntersuchungen gibt, muss niemand mehr ein mongoloides Kind zur Welt bringen. Und wer trotz Schönheitschirurgie mit Segelohren, Hakennase oder Schlupflidern rumläuft, muss sehen, wie er mit seinem selbst gewählten Schicksal klarkommt. In grauer Vorzeit galten solche »Schönheitsfehler« auch als individuelle Vorzüge, in die man sich sogar verlieben konnte. Heute betteln die Teenies bei den Eltern um eine Nasen-OP, bevor sie sich das erste Mal verlieben.

Erfolgreiche Vorbilder wie Britney Spears oder Pamela Anderson bis hin zum wandelnden Ersatzteillager Cher – »Meine Wangenknochen sind noch echt!« – gibt es zuhauf. Manche geben sogar ehrlich zu, dass sie sich nach jeder Schönheits-OP fühlen, »als wäre ein Bulldozer über ihr Gesicht gefahren«, wie Gott-hab-sie-selig Hildegard Knef. Einige sehen inzwischen leider auch so aus. Zum Beispiel die arbeitslose US-Schauspielerin Melanie Griffith, der sogar die skalpellfreundliche Yellow Press bescheinigt, dass sie »kaputt operiert« wurde. Mit jeder Schauspielerin, jedem Popstar, jeder Moderatorin, die sich in einem Interview selbstbewusst zu ihren diversen Instandsetzungen bekennt (Ramona Drews: »Nach dem Stillen war mein Busen nicht mehr so schön wie früher. Jürgen war bei der OP dabei.«), rückt die Messlatte weiter nach oben. Eine Naturschönheit wie Christine Kaufmann muss sich per Gerichtsbeschluss bestätigen lassen, dass sie bis jetzt kein Messer an sich herangelassen hat. Und trotzdem glaubt ihr niemand. Selbst schuld. Sie könnte ja auch lügen, dann würden ihre neidischen Mitstreiterinnen sie bestimmt in Ruhe lassen.

Die Weltstars aus der ersten Liga halten sich zwar immer noch bedeckt, doch dafür werden sie dann von der *Gala* geoutet: »Europas Beautypapst« Professor Werner Mang wirft einen kritischen Blick auf die Vorher-Nachher-Fotos der Stars. Und diagnostiziert bei Nicole Kidman gespritzte Lippen, bei Julia Roberts ein paar Botox- und Kollagenspritzen, kleine Augenkorrekturen bei Catherine Zeta-Jones und eine misslungene Nasen-OP bei Jennifer Aniston: »Die Nase wirkt von den Proportionen her immer noch ein wenig zu breit.« Wenn ein Professor Mang sogar an einer Hollywoodschönheit rummeckert, wie müssen sich dann erst die weniger erfolgreichen Leserinnen der *Gala* fühlen? Nach diesem Konzept sind Frauen qua Geschlecht bemitleidenswerte Mängelwesen. Wer sich bis jetzt für ganz akzeptabel hielt, sollte mal einen Beratungstermin beim Schönheitschirurgen machen und sich die Problemzonen vorm Spiegel mit schwarzem Edding markieren lassen. Da wird gemalt und gestrichelt, bis kaum noch weiße Haut durchschimmert.

Aber wenigstens versteht sich Professor Mang als ausgebildeter plastischer Chirurg auf sein Handwerk, während die meisten seiner preiswerteren Kollegen im Wochenendkurs an einem Schweinekopf üben: Gynäkologen, Dermatologen, HNO- und sogar Zahnärzte, die ein Stück vom Milliardenkuchen ergattern wollen. Dass sich die Zahl der Kunstfehlerprozesse bei Schönheits-OPs seit den achtziger Jahren verzehnfacht hat und manche Patientin nach dem Fettabsaugen ins Koma fällt, kann die Masse nicht davon abhalten, sich auf dem chirurgischen Schnäppchenmarkt zu bedienen. Fabrikantengattinen landen bei Mang am Bodensee, während Krankenschwestern, Sekretärinnen oder Studentinnen mit ihren asymmetrischen Brüsten und absinkenden Lidfalten per Bus nach Polen oder Tschechien pilgern. Und RTL ist mit der Kamera live dabei, wenn die Damen heulend und blaurot zugeschwollen aus der Narkose aufwachen. Für alle Fernsehschaffenden ist es ein Phänomen, dass solche Bilder nicht den Hauch einer Abschreckung bewirken, sondern genau das Gegenteil.

Schönheitsoperationen werden im Frühstücksradio verlost oder als Pauschalurlaub angeboten. Früher brachte man einen Löwenkopf als Trophäe mit nach Hause, heute werden bei einer »Skalpell-Safari« überschüssige Hautlappen und Rettungsringe gejagt. Beim Frühstück schalte ich lieber ins Morgenmagazin der Öffentlich-Rechtlichen, weil ich bei den Privaten neben meinem Vollwertmüsli auch noch die blutigen Bilder einer auseinander klaffenden Brust verdauen muss, in die gerade ein Gelkissen gestopft wird.

Man geht sich heute das Näschen schneiden, statt es zu pudern. Selbst Bauchnabel, die nicht der (von wem eigentlich?) genormten T-Form entsprechen – also unten ein Knubbelloch, oben ein straffes und gerades Hautläppchen –, werden auf Wunsch neu tranchiert. Der Perfektionswahn hat inzwischen sogar die Ausscheidungsorgane erreicht. Da in den Videoclips der Musikindustrie immer öfter pornografische Choreographien kopiert werden, kommt auch so manche gespreizte Poritze ins öffentliche Blickfeld. Auch wenn der Schließmuskel unterm Stringtanga knapp verborgen bleibt, ist doch die Haut drum herum zu erkennen und die ist im Laufe eines Menschenlebens naturgemäß braun eingefärbt. Aber nach einem Analbleaching leuchtet der Bereich rund um die Rosette wie der weiße Pelzfleck am Hinterteil eines davonhoppelnden Rehs.

Und in der Mittagspause werden durch Blitz-Service-Angebote wie Fruchtsäurepeelings oder Botox aus Gesichtern Babypopos. Auch die neue Fett-Weg-Spritze, eine Empfehlung der *Freundin*, erspart den Klinikaufenthalt. Eine Injektion, die angeblich Pölsterchen wie Doppelkinn und Reiterhosen wegschmilzt und eine Entzündung auslöst, die gleichzeitig die schlappe Haut strafft. So wie man sich bei einer Laserbehandlung erst mal verbrennen lassen muss, damit die Haut sich verjüngen kann. Ein gewisses Maß an Masochismus und Freude am Wundschmerz scheint bei diesen Behandlungen zusätzlichen Spaß zu garantieren. Und am Ende kann man das durchstandene Leid stolz seinen Mitstreiterinnen präsentieren – das war's doch wert:

In den Chatforen der Frauenzeitschriften konkurrieren Hunderte von OP-gestählten Frauen im Telegrammstil um die Ausbeute ihrer letzten Fettabsaugung: »Reithosen, Hüfte, etwas Po – 3,4 l Fett, 2500 Euro« gegen »Bauch, Taille, Knie, etwas Rücken – 1,6 Liter, 1800 Euro inkl. Mieder«. Manche hinterlassen sogar einen Link zur persönlichen Homepage mit Vorher-Nachher-Fotos. Wer sich in seinem bisherigen Leben nicht mal an den Strand getraut hat, wird jetzt zur Internetexhibitionistin! Männer üben sich ja gerne im Pimmelmessen mit dicken Autos. Hier dagegen wird stolz gezeigt, was man nicht mehr hat.

Auf der *Petra*-Homepage wird darüber aufgeklärt, wie man sich mit vier verschiedenen Methoden – Licht, Strom, Resurfacing oder Subsurfacing – die obersten Hautschichten flambieren lassen kann. Damit Krähenfüße oder Hängebäckchen nach überstandener Verschorfung unter den neuen Kollagenfasern verschwinden. Der Vorgang ähnelt den Methoden in einer Klinik für Brandopfer. Dann vielleicht doch lieber das Skalpell? Russisches Soft-Lifting, Stirn-Lifting oder S-Lifting? Auch wenn man dabei schiefe Gesichtszüge, Taubheitsgefühl oder Haarverlust riskiert. Aber was bedeutet das schon, verglichen mit der Hoffnung, aus 20 Metern Entfernung auf Anfang Dreißig geschätzt zu werden – bis zu dem Moment, wo die Hände ins Blickfeld geraten.

Die sind bei der Königin der Schönheitschirurgie, der amerikanischen Skalpellvenus Cindy Jackson, stets hinterm Rücken verschränkt. Die Tochter eines Maisbauern aus Ohio hat ihr ganzes Leben dem Ziel gewidmet, sich durch 38 Operationen langsam und schmerzhaft in eine lebende Barbiepuppe zu verwandeln – und ist darüber alt geworden, ohne dass jemand ihr Alter schätzen könnte. Damit hält die Plastikprinzessin den Weltrekord und ist stolz darauf. Angeblich hat der liebe Gott sie vor 49 Jahren erschaffen, mit zu schmalen Lippen, einem zu massiven Unterkiefer, Hängelidern, einer fleischigen Nase und einem durchschnittlichen Körper. Jackson hat jeden dieser Fehler mit Hilfe ihrer endlosen Leidensfähigkeit ausgemerzt und vermarktet diesen Prozess in mehreren Büchern und einem Video. Andere träumen davon, vom Tellerwäscher zum Millionär zu werden, Cindy lebt den Traum von der selbst gemachten Schönheit. Und wenn man sie richtig versteht, ist das nichts anderes als eine marxistische Aktion: im Namen der Chancengleichheit! Für alle von der Natur Betrogenen, die gar nicht einsehen, warum sie nicht wenigstens in der Welt der Schönen mitmischen sollen, wenn sie schon arm geboren sind. Um dazu zu gehören, muss man nur frühzeitig und stetig in den eigenen Umbau investieren.

Und wenn's nicht anders geht, muss man sich die erste OP eben von der Sozialhilfe zusammensparen. Denn die Erbinnen Lollo Ferraris, die in den Nachmittagstalkshows ihre Oberteile lüften – »Die Narbe muss man aber mit der Lupe suchen!« –, tun ja nach eigener Auskunft nichts anderes, als das Äußere ihrem eigentlichen Ich anzupassen. Denn das steckt ja nur zufällig und ungerechterweise in einem flachbrüstigen Körper mit breitem Hintern. Ihr eigentliches Selbst hat einen Apfelhintern und Melonenbrüste und wird in der U-Bahn angestarrt. Das wussten ja schon die alten Griechen: In einem schönen Körper spiegelt sich eine schöne Seele.

Wenn man das nach vorne denkt, müssten wir bald in einer Welt voller edler Gemüter leben. Menschliche Unzulänglichkeiten wie Aggressionen, Neid oder Habsucht schrumpfen mit jedem Schnitt eines Skalpells, mit jedem Stich einer Nadel in irgendeiner Schönheitsklinik dieses Planeten. Und der erhabene Herrscher über diese schöne neue Welt heißt Silvio Berlusconi, das erste schönheitsoperierte Staatsoberhaupt der westlichen Welt …

## Schuhe lügen nicht – mit dem Einkaufswagen auf Partnersuche

Der einzige Mann, in den ich mich auf den vielgerühmten ersten Blick verliebt habe, war ein psychisches Wrack und schon seit einigen Jahren dabei, seinen Körper diesem inneren Zustand anzugleichen. Ich durfte ihn zwei Jahre bei dieser Aufgabe begleiten, dann beendete ich die Beziehung nach einer Warnung meiner damaligen Therapeutin: »Entweder machst du jetzt Schluss, oder du fängst an zu saufen.«

Glaubt man den Paar-Experten bei der *Brigitte*, die für ihre Psycho-Dossiers berühmt ist, dann offenbart diese Anekdote sehr viel Unschmeichelhaftes über meine eigene Seelenlandschaft. Denn die behaupten, dass wir mit einer inneren »Liebeslandkarte« rumrennen, die unter anderem von der Beziehung der Eltern geprägt wurde (ich dachte, da wäre alles in Ordnung …?). Dieser Seelen-GPS führt uns dann zielsicher zum Pendant unserer eigenen Sehnsüchte und Neurosen. Oder wie es der Psychoanalytiker im Dossier ausdrückt: »Unbewusstes erkennt Unbewusstes irrtumslos.«

Dann ist es wohl nur eine Frage der Zeit, bis ich meinen psychisch kerngesunden Mann sitzen lasse, um dem nächsten Selbstmordkandidaten bedingungslos zu folgen? Gut, dass Verhaltensforscher, Psychologen und Biologen alle naselang neue Theorien auf den Markt werfen, sodass die jeweils letzte komplett widerlegt wird. Auf diese Weise bleibt die Liebe ein Mysterium und alle, die darüber forschen und schreiben, in Lohn und Brot.

Nach den Regeln der »fit for flirt«-Beilage in der Zeitschrift *fit for fun* ist es sowieso unerheblich, welcher Typ einer Frau vor den Sucher gerät. Hauptsache, sie hält alle spontanen Regungen oder emotionalen Impulse zurück, ruft ihn nie an und gibt sich mysteriös. Damit wäre die Liebe auf den ersten Blick schon mal wieder vom Tisch. Aber bei diesen Regeln nach dem Vorbild des amerikanischen Dating-Systems (müssen wir denn wirklich alles, aber auch alles, von denen übernehmen?) ist es ohnehin das erstrangige Ziel, beim Gegenüber Verliebtheit zu provozieren. Die Frage, wie wir dann den verliebten Esel, der offensichtlich blöd genug ist, um auf simple Treibjagdregeln reinzufallen, zurücklieben sollen, bleibt erst einmal unbeantwortet – bis zum nächsten Ratgeber.

Ist auch nicht so wichtig, denn das größte Problem heutzutage sind ja nicht die eventuell entstehenden Gefühle, sondern die Frage: Wie und wo treffe ich ihn?

Und die immer wieder neu definierte Antwort auf diese Frage ist von einem wenige Wochen oder mehrere Jahre andauernden Übergangsstadium zu einem Lebensstil avanciert: dem Singletum.

Eigentlich müsste der Begriff inzwischen einen weiblichen Artikel tragen – »die Single«. Seit ein amerikanischer Sender das Leben von vier besonders humorvollen und triebhaften Exemplaren dieser Gattung in Szene gesetzt hat, nämlich in der Serie »Sex and the City«.

Das heißt, im Grunde ist der Hype schon wieder vorbei und falls Sie zu den Frauen gehören, die auch alle anderen Verlautbarungen zur letzten Episode der letzten Staffel von »Sex and the City« bewusst überlesen haben, um sich die Überraschung nicht zu verderben, dann sollten Sie jetzt nicht weiterlesen:

Die ewig schwelenden Liebesgeschichten sind bereits in allen möglichen Blättern zu Ende erzählt worden, sogar die letzten Sätze der vier Mädels hat eine große Tageszeitung abgedruckt. Ausgerechnet bei der männermordenden Nymphomanin Samantha wird's am pathetischsten: »Du bedeutest mir mehr als jeder andere«, sagt sie zu Smith, der sie wirklich und ehrlich liebt und ihr das vielleicht auch noch sagen kann, bevor sie an seinen Bauchmuskeln runterrutscht in Richtung Hosenschlitz.

Um also kurz zusammenzufassen, was sowieso bald alle wissen: Die vier haben uns jahrelang betrogen. Die Hoffnung aller nicht zu bekehrenden oder unfreiwilligen Singles, die sich immer wieder am Schicksal ihrer

New Yorker Mitstreiterinnen aufgebaut haben, weil bei ihnen auch gerade wieder Schluss war oder ein trostloser Sonntagmorgen ans Schlafzimmerfenster klopfte – für immer dahin. Die Zuversicht, in Würde altern zu dürfen, weil der Status des Single durch diese Ladies geadelt wurde und den Ruf einer provisorischen Lebensform abgeschüttelt hatte – endgültig zerstört.

Denn alle vier lassen sich am Ende doch noch Handschellen anlegen und damit wäre ein für allemal festgeschrieben, was neidische Psychologen und miesepetrige Soziologen seit dem Aufkommen des Begriffs Single immer wieder angemahnt haben: Das ist kein Dauerzustand und schon gar keine eigenständige Lebensform! Wenn es anders wäre, wieso ist es dann der Albtraum eines jeden Singles, »irgendwann mit 60 beim Fensterputzen auszurutschen und zwei Jahre später skelettiert aufgefunden zu werden«, wie eine Journalistin im *Kursbuch: Die 30-Jährigen* beschreibt? Aber wenigstens gehört man in den Augen der Medien und der Werbebranche einer großen und besonders attraktiven Gemeinschaft an. Dieses virtuelle Gruppengefühl hilft natürlich, die schlimmsten Ängste ein wenig zu dämpfen. Trotzdem:

Möchte man wirklich das Ziel einer Marktforschung sein, die in Italien Single-Melonen züchten lässt? Oder unverschämt teure Privathaftpflichtversicherungen als »Single-Safety-Police« anbietet? Gibt es eine größere Demütigung, als mit einer roten Schleife am Einkaufswagen zwischen Konservendosen und Joghurtregal umherzuschleichen und nach anderen roten Schleifen zu spähen – beim ersten bundesweiten Wal-Mart-Single-Shopping, empfohlen vom *Stern*? Wer kann es sich wirklich leisten, seine Altersvorsorge bei Single-Urlauben, Single-Golfkursen oder organisierten Blind-Dates zu verprassen? Und überhaupt: Wenn dieses organisierte Kuppeltum so erfolgreich wäre, wieso wächst dann die Zahl der Single-Haushalte unaufhörlich weiter, auf inzwischen 13 Millionen? Obwohl diese Statistik ebenfalls hinkt, weil dazu auch Omis mit ihrer Minimal-Rente zählen, die vielleicht noch wissen, was »blind« bedeutet, aber mit »date« bestimmt nichts anfangen können.

Existiert in diesem Land auch nur ein einziger weiblicher Ex-Single, der seinen Traumpartner an den Schuhen erkannt hat, wie die *Freundin* uns weismachen will? In maßgefertigten Budapestern zum Beispiel steckt ein exzellenter Liebhaber, der uns mit Champagner und Lachspastete verwöhnt. Im Sneaker dagegen der »Event-Hopper«, ein Clubbing- und Ich-will-was-erleben-danach-Chill-out-im-Coffeeshop-Typ, der aber leider gern das Weite sucht …

Mal angenommen, an dieser Footwear-Psychologie ist was dran – was soll ich dann als Traumtyp suchende Frau mit so einem? Unglücklich werden, Hauptsache ich bleib dabei trendy und spontan?

Und bezüglich der Budapester-Träger sei es mir erlaubt, auf meinen bescheidenen Erfahrungsschatz zurückzugreifen: Solche Typen bevölkern die Lufthansa-City-Hopper und können sich zwar theoretisch Champagner leisten – aber nur, solange sie nicht das erste Mal geschieden sind und enorme Unterhaltsleistungen an der Backe haben. Davor sind sie erstens verheiratet und zweitens verklemmte Korinthenkacker, die nur dann großzügig ihr Geld investieren, wenn das Projekt langfristig Rendite abwirft. Und seit wann trifft das auf eine Affäre zu?

Muss man wirklich noch jemanden darüber aufklären, dass »Fisch-sucht-Fahrrad«-Parties eigentlich »Hormonstau-sucht-Gefühlsstau« heißen müssten? Diese Veranstaltungen gelten als der Geheimtipp unter festliierten Männern, die naive Beute wittern. Natürlich gibt es Frauen, auf die das Gleiche zutrifft. Aber die könnten eigentlich auch eine Anzeige aufgeben – »Poppen? Chiffre Nr. soundso« – und die Fotos der Bewerber in Ruhe auf dem eigenen Sofa sortieren, statt sich aufzubrezeln, um verwässerte Drinks zu schlürfen und den »bloß-nicht-zu-schüchtern«-Sprüchen eines 80er-Jahre-DJs ausgesetzt zu sein.

Und was macht man gegen Schnauzbartträger im Poloshirt? Also gegen die Typen, die so ein Programm tatsächlich ernst nehmen? Vor allem, wenn sie nach einer Zurückweisung auch noch darüber diskutieren möchten, warum man nicht mit ihnen tanzen will? »Sach doch mal! Was stimmt denn nicht mit mir?« Männer, die den gemeinsamen Kindern Ikea-Namen geben würden (»Sören, das klingt so schön nordisch, findest du nicht?«), die auf einem Ehevertrag bestehen, einen irgendwann mit Sexspielzeug überraschen (»Ich hab mir gedacht, wir müssen mal wieder 'n bisschen Druck machen.«) und dafür noch Dankbarkeit erwarten.

Bei der Vorstellung allein bleibt einem das Tiefkühl-Single-Menü im Hals stecken. Wenn schon verkuppelt werden, dann doch lieber von RTL und an jemanden mit den richtigen Wertvorstellungen, sprich an einen angeblichen Millionär, den »Bachelor«. Auch wenn man davon ausgehen kann, dass ein Typ, der aussieht wie der ältere Bruder von Carsten Spengemann und trotz Vermögen bei seiner Mutti wohnt, auf keinen Fall heterosexuell ist. Einen spermastrotzenden echten Hetero gab es dafür dann bei »El – der Millionär«, nur dass die Haremsdamen dabei doppelt aufs Kreuz gelegt werden, weil der Kerl eigentlich arm ist wie eine Kirchenmaus.

Gott sei Dank waren zu den »Bachelor«-Dreharbeiten auf einer einsamen Insel genug Kameramänner und Sicherheitsbeamte mitgereist, sodass den Mädels die Warteschleife aus Umziehen, Strandpicknicks, Tratschen und Candlelight-Dinner ein wenig versüßt wurde. Die weibliche Mehrheit vor dem Fernseher – also all jene, die nicht aussehen wie eine Otto-Katalog-Schönheit und was besseres zu tun haben, als sich für einen Kamelhandel zur Schau zu stellen – durfte beobachten, was passieren kann, wenn man nichts Vernünftiges gelernt hat.

Dabei wartet der Traumtyp nur einen Mausklick entfernt im Internet, weshalb die *Amica* in der Überschrift zu ihrem Online-Dating-Dossier ein vollmundiges Versprechen wagt: »Nie mehr @llein«. Damit die Leserinnen gleich wissen, wie sie sich verstellen müssen, um möglichst viele Zuschriften zu ergattern, wird auf der ersten Seite ein Testdurchlauf mit vier frei erfundenen Profilen vorgestellt. Drei der vier Internetanzeigen zeigen ein Portraitfoto, dass sich ohne weiteres auf der Setcard einer Modelagentur verkaufen ließe.

Angeblich träumen diese B-Models davon, »mit Ihrem Kuschelboy auf einer einsamen Insel zu hocken und ihn mit Erdbeeren zu füttern« oder »die Nächte durchzutanzen und Gauloises und Nutella zu frühstücken«. Die einzig Durchschnittliche, »die Patente«, sieht immer noch aus wie Andie McDowell mit Brille und ein paar Kilos zuviel und hat erwartungsgemäß die wenigsten Zuschriften. Soviel zum Wahrheitsgehalt von Kontaktanzeigen im Netz.

Was sind das für Typen, die solche Werbeschnörkel und »Herzblatt«-Phrasen für authentisch halten? Vielleicht einer wie der Verwaltungsfachwirt und Tauchuhrensammler (ohne Tauchschein), 34, aus der Nähe von Osnabrück, der »sich auch an einem Spaziergang erfreuen kann« und eine Frau sucht, »die alles sein darf, bloß nicht langweilig«? Mag sein, dass der Mann sich was vormacht, aber wenigstens ist er damit ehrlich! Man kann nur hoffen, dass sich hinter den Vamps und Szene-

Girls, auf deren Anzeigen er wahrscheinlich reinfällt, die eine oder andere höhere Staatsdienerin und *Amica*-Leserin versteckt, die sich nicht traut, ihr wahres Ich ins Netz zu stellen. Dann hätte das Töpfchen auf Umwegen doch noch sein Deckelchen gefunden. Insgesamt kann es einen jedoch nicht wundern, dass von den neun Millionen, die Online-Dating-Angebote nutzen, gerade mal 4,9 Prozent mit ihrem virtuellen Flirt zusammenziehen oder ihn sogar ehelichen.

Was dafür spricht, dass der Single an sich, wie er im Netz, von Agenturen oder den Medien beworben wird, gar nicht existiert. Die meisten sind monogame Romantiker auf Zwischenstation zur nächsten langjährigen Beziehung, die nur mit Grauen auf ihre Zeit als Einzelgänger zurückschauen, sobald sie im Job jemanden kennen gelernt haben (da passiert es nämlich am häufigsten!). Der Rest ist ein heterogener Haufen aus Exzentrikern und Egomanen, die genau wissen, dass sie zu zweit unerträglich sind und konsequenterweise allein bleiben. In den USA haben sich diese veritablen Singles schon zu einer neuen Gattung formiert, den »quirkyalones« (schrullige Alleinstehende). Eine Bewegung, die Frauenzeitschriften, Dating-Agenturen und überhaupt jedem, der ihnen einreden will, dass sie an diesem Zustand etwas ändern müssen, den Krieg erklärt hat.

Alle anderen sollten mal darüber nachdenken, wie indische Wissenschaftler zu dem Schluss kommen konnten, dass Ehepaare, die von ihren Eltern verheiratet wurden, nach fünf Jahren glücklicher waren als solche, die aus Liebe geheiratet haben. Aus eigener Erfahrung kann ich dazu nur sagen: Obwohl sie wusste, dass ich mir in Liebesdingen jede Einmischung verbitte, hat mich meine Mutter von Anfang an vor dem Psychopathen (vom Anfang des Textes) gewarnt, während mein heutiger Mann sofort ihren Segen hatte. Deshalb an dieser Stelle eine längst fällige Anmerkung: Liebe Mama, hätte ich nur gleich auf dich gehört!

## Der metrosexuelle Mann – fast schwul ist cool

Der einzige Mann im Sandkasten hat strahlend weiße Fingernägel, wie nach einer so genannten French Manicure. So haben meine Nägel das letzte Mal ausgesehen als ich mir kurz vor der Geburt noch einen Termin bei der Kosmetikerin gegönnt habe, also vor mehr als anderthalb Jahren. Die leicht gebräunten Hände des jungen Vaters ragen aus einem schmal geschnittenen, leicht schimmernden Cordanzug, darüber ein mit Fell gefütterter, dunkelbrauner Ledermantel. Meine Freundin und ich sitzen in Michelin-Männchen-dicken Daunenjacken auf der Parkbank, unterm Hintern die Wickeltaschen als Schutz gegen eine Blasenentzündung, während bei unserem Observationsobjekt unter dem steifgebügelten Hemd eine rasierte Brust aufblitzt. »Das muss so einer sein«, raunt mir meine Freundin zu, während wir atemlos zuschauen, wie der Hochglanzpapa seine jauchzende Tochter von der Rutsche pflückt.

Eigentlich ist es für den Spielplatz viel zu kalt, aber wir sind schließlich nicht zum Spaß hier, sondern auf Recherche – nach dem metrosexuellen Mann. Was sich weniger, wie man vermuten könnte, auf irgendwelche Sexpraktiken in der U-Bahn bezieht, sondern auf Aussehen und Verhalten der Betroffenen. Die *Bild*, die *Gala*, die *Cosmopolitan* und sogar die *Frankfurter Allgemeine* wollen ihn gesichtet haben. Die angeblichen Charakteristika des Metro lesen sich, als wäre den geheimen Labors der Mode- und Kosmetikindustrie tatsächlich eine neuartige männliche Züchtung entsprungen: Biotherm hat für die Ansprüche der Metro-Männer-Haut eine Pflegeserie kreiert und eine Beratungshotline eingerichtet, Jean-Paul Gaultier hat ihm eine Make-up-Linie gewidmet, inklusive eines Kajalstiftes, der als Kugelschreiber getarnt ist.

Der Metro zupft sich die Augenbrauen und geht alle vier Wochen zum Friseur, wo er sich auch die Brusthaare gelen, stutzen oder mit Wachs entfernen lässt. Solcherart gestylt streift dieses Wesen durch Einrichtungshäuser oder steht in seiner Bulthaupt-Küche, um aufwändige Menüs zu kochen. Das klingt zwar so pechschwul wie das Näseln von Ralph Morgenstern, der Tratschtante des ZDF. Trotzdem ist der neue Mann über jeden Schwuchtelverdacht erhaben. Zumal der Begriff »metrosexuell« eigens für die »feminin-maskuline Ästhetik des David Beckham geprägt wurde«, so die *Gala*. Tatsächlich ist das Modewort bereits 1996 von einem britischen Journalisten erfunden worden, aber das nur nebenbei.

Auf jeden Fall ist Beckham ja unangefochtener Fußballgott und zweifacher Familienvater, also mit zwei Prädikaten behaftet, die bei Homosexualität meistens kontraindiziert sind. Die weltweite Schwulengemeinde wartet zwar stündlich auf sein spätes Coming-Out, aber obwohl Beckham kirschkerngroße Brillantstecker trägt und ab und zu in die String-Tangas seiner Frau schlüpft, gibt es keine weiteren Anzeichen. Bis auf die Tatsache, dass ihm bis heute erst eine unbewiesene Affäre angedichtet werden konnte. Und dass sich sogar urbayerische Fußballheten wie Uli Hoeneß spontan in ihn verlieben (»Mensch, ist der nett!«). Genau wie Milliarden anderer Menschen jeden Alters, jeder Couleur und beiderlei Geschlechts, was nahe legt, dass dem Messias Bekkham inzwischen eher überirdische Eigenschaften anhängen als irgendetwas, das die Silbe »Sex« im Wort verträgt. Man würde ihm inzwischen sogar eine unbefleckte Fortpflanzung bei der Zeugung seiner Kinder abkaufen (und erst recht eine Pepsi oder Adidas-Sportschuhe).

Trotzdem gelten Metrosexuelle nicht etwa als asexuell. Sie sind zwar extrem »mode- und körperbewusst, beinahe schwul daherkommend, aber doch ganz und gar hetero«, stellt die *Cosmopolitan* klar, die schon von einer »Generation Bekkham« schwärmt. Die *Bild*-Zeitung drückt es etwas simpler aus: »Außen schwul, innen hetero« und die Frauen in der Schwulenmetropole Köln freuen sich in diversen Lokalblättern: »Endlich Schwule, mit denen frau schlafen kann!«

Wir freuen uns mit. Das Ziel unserer ersten Inkognito-Ermittlung im Sandkasten haben wir aber leider verfehlt. Denn der blonde Leder-Adonis wird wenig später von einem ähnlichen männlichen Exemplar begrüßt – mit einem langen Kuss auf den Mund. Die Mutter taucht dann auch noch auf, und wir verbringen den Rest des Nachmittags damit, darüber zu diskutieren, auf welche Familienverhältnisse wir hier gestoßen sind. Und darüber, warum wir nicht längst zufällig auf ein Exemplar gestoßen sind, wo doch in Amerika und Großbritannien schon fast die Hälfte aller Männer metrosexuell sein soll. Mit dem Spielplatz als Arena müssten wir eigentlich goldrichtig liegen, denn dem Metrosexuellen wird neben den genannten äußeren Werten auch ein ausgeprägter Familiensinn unterstellt. Die Stilikone Beckham macht morgens das Frühstück: »Bohnen und Toast für die ganze Familie« (*Gala*) und er ist sich nicht zu schade, das Badezimmer selbst zu reinigen: »Ein hochgeklappter Klodeckel gehört für ihn zu den übelsten Fouls.« (*Gala*).

Auch die *Cosmopolitan* attestiert dem metrosexuellen Mann eine bemerkenswerte Selbstlosigkeit zugunsten seiner Frau und seinen Kindern: »Den Porsche oder die Yacht opfert er gern für die Zeit mit seiner Familie.« Wobei ein Metrosexueller auch schon vor der Familiengründung neben der »feuerroten Corvette eine gediegene

Familienkutsche bereitstehen hat« wie uns im selben Artikel erklärt wird, denn »bis die Sache steht, fährt er eben den Nachwuchs seiner Lieblingsschwester durch die Gegend«. Das bedeutet wiederum, der neue Mann hat auch etwas mehr Geld auf dem Konto als seine weniger gepflegten Geschlechtsgenossen. Also setzen wir die Beobachtung auf dem Spielplatz eines Villenviertels fort. An einem Samstag, denn laut *Cosmopolitan* »verbringt er am Wochenende mehr Zeit mit dem Nachwuchs als die Frauen«. Für die meisten Vollzeit-Mütter ist das zwar eine Selbstverständlichkeit, sofern der Gatte die ganze Woche über Karriere macht. Aber einem Metro muss man das natürlich besonders hoch anrechnen, denn nach Massage, Friseur, Kosmetiksalon, Fitnessstudio sowie Power-Yoga und den Sitzungen mit seinem »Astrocoach« (*Cosmopolitan*) bleibt ihm ja netto viel weniger Freizeit.

Samstagmorgen, 9.30 Uhr: Auf dem Spielplatz für reich geborene Kinder stoßen wir tatsächlich auf einen deutlichen Männerüberschuss, aber auf keinen einzigen lackierten Nagel. Einigen der Herren traut man auf den ersten Blick zu (Haare, die aus der Ohrmuschel wachsen!), dass sie sich ihre Fußnägel am Frühstückstisch schneiden. Unter diversen Baseballkappen lugen ein paar kopfkissenzerwühlte Büschel hervor, der Rest hat sich eine Wollmütze vom Outdoor-Laden bis zur Bartstoppelgrenze ins Gesicht gezogen. Die Outfits reichen von Jogginganzug plus Daunenjacke bis Barbour-Wachsjacke kombiniert mit Breitcord im Landlord-Stil. Während der Nachwuchs vom Klettergerüst purzelt oder sich gegenseitig mit Sandschippen und Förmchen bearbeitet, hocken die meisten mit einer Zeitung auf der Parkbank oder führen, hektisch auf und ab gehend, Gespräche übers Handy. Einige der Dialogfetzen, die wir aufschnappen, zeugen nicht gerade von einem hervorstechenden Familiensinn: »Und jetzt soll ich auch noch für heute Abend einkaufen, oder was? Hab ich die vielleicht eingeladen oder du?« oder »Seit wann muss man denn beim Versorgungsausgleich auch noch Immobilien miteinbeziehen? Die habe ich doch alle vor der Ehe gekauft?!« oder »Klar frier ich mir den Arsch ab, aber immer noch besser als meiner Schwiegermutter beim Brötchen kauen zuzugucken, das kann ich dir sagen …!«

Das enttäuschende Ergebnis unserer kleinen Feldforschung wird durch eine Studie des Kölner Marktforschungsinstituts »Rheingold« bestätigt: Danach existiert der neue Mann eher als »politisch korrektes Ideal vom gefühlskompetenten Familienmenschen«. Bei näherer Betrachtung entpuppen sich die meisten als »Fassadenkünstler«, die zwar Gesichtscremes benutzen und sich auch mal aufbrezeln, aber wenn es darum geht, Erziehungsurlaub zu nehmen, fänden sie »stets eine Ausrede, warum es besser ist, wenn die Gattin doch erst später in den Beruf zurückkehrt«.

Also ist der neue doch der alte Mann, bloß ein bisschen aufpoliert und angehübscht? Wenn der Metro nur ein raffiniertes Werbekonstrukt ist, um uns Frauen bei der Stange zu halten, wer kauft denn dann die vielen neuen Männerzeitschriften, die angeblich alle um den metrosexuellen Leser buhlen? Eine Studie der *Men's Health*-Herausgeber spricht sogar von der Geburt eines neuen Zeitschriftensegments: das leicht ordinäre *FHM*, die stilbewusste *GQ*, der Busenexpandierer *Maxim*. Genau wie die Frauenzeitschriften widmen sich diese Blätter zu zwei Dritteln dem anderen Geschlecht, der Mode und der Kosmetik – aber vor allem einem Hobby, das ihr Publikum kaum vom gewöhnlichen *Playboy*-Leser unterscheidet:

Auf dem Titelblatt der aktuellen *FHM* erfahren wir zum Beispiel, warum der Metro-Mann so gern in der Küche steht: »Da brennt nichts an! So kriegst du Frauen ins Bett: Du kochst!« Und die »Verantwortung«, die der neue Mann laut *Cosmopolitan* vor allem »in seinem Sozialleben übernehmen möchte«, liest sich in einer Ausgabe der *Maxim* als detailreiche Erläuterung, »wie man eine richtige Orgie schmeißt«. Warum nicht? Auch so kann man emotionale Netzwerke knüpfen.

In diesen Magazinen werden Frauen nach den Ergebnissen der *Men's Health*-Studie »fast schon ehrfürchtig überhöht«, also auf einen Sockel gestellt. Aus dieser Position werden die Leser dann aufgefordert, ihre Partnerin doch auch mal »durch zartes Zupfen der Schamhaare« zu verwöhnen, was angeblich den »Erregungsreiz durch den ganzen Unterleib leitet«. Oh ja, der neue

Mann »kennt den Begriff ›Vorspiel‹ nicht nur vom Hörensagen«, wie die *Cosmopolitan* uns bedeutungsvoll verspricht: Er »summt beim Cunnilingus« (*Men's Health*), er »wickelt uns in Frischhaltefolie«, um dann von hinten einzudringen (*FHM*), er klemmt Ingwerscheiben zwischen unsere Schamlippen, sich selbst stülpt er »panierte Zwiebelringe über den erigierten Penis« und für den Akt an sich wird ihm geraten, »jede Position mindestens drei Minuten beizubehalten«. Eben genauso lang wie ein Frühstücksei braucht, um weichgekocht zu werden.

Bis jetzt waren wir schon dankbar, wenn er bis zum Orgasmus überhaupt drei Minuten durchhielt. Nun werden uns gleich mehrere Stellungen à drei Minuten versprochen! Wie in dieser Zeit und bei ständigem Positionswechsel ein weiblicher Höhepunkt stattfinden soll, ist zunächst mal zweitrangig. Wir wollen den frisch geschlüpften neuen Mann nicht gleich mit zu vielen Erwartungen verschrecken.

Schließlich werden uns ja zumindest kulinarische Höhepunkte in Aussicht gestellt – mit Hilfe von Ingwer zwischen den Beinen. Wer von den Tiefkühlpizza-Fans, also den herkömmlichen Männern, die wir bis jetzt kannten, hatte überhaupt irgendeine frische Zutat in der verwahrlosten Küche – ganz zu schweigen von asiatischen Wurzeln? Und auch noch die Frischhaltefolie, mit der man so exklusive Dinge konservieren kann? Bei soviel Exotik würde ich mich persönlich statt mit panierten Zwiebelringen auch mit Lakritzschnecken zufrieden geben (Hauptsache, es vergrößert den Durchmesser, oder?). Die haften besser und krümeln nicht so.

Ob die beschriebenen Weichkochkünste als Argument ausreichen, um auf das angeblich neue Modell umzusteigen, muss jede für sich selbst entscheiden. Mal abgesehen von dem offensichtlichsten Problem – nämlich überhaupt ein Exemplar zu finden – wissen wir ja nun, dass auch der Metrosexuelle, genau wie alle anderen Normalheten, keinen Erziehungsurlaub nimmt. Wenn man außerdem bedenkt, dass er:

1) unsere String-Tangas klaut,
2) sich womöglich aus unseren pfefferteuren Clinique, Lancome oder Clarins-Töpfchen bedient, wenn er spontan bei uns übernachtet,
3) stundenlang das Bad blockiert, um jedes Brusthaar zu ondulieren,
4) sein Geld in Bruno Magli-Schuhe oder Brillantohrsticker investiert statt in die gemeinsame Altersvorsorge,
5) uns beim Shoppen in seine Lieblingsboutiquen zerrt, statt unsere Einkaufstüten zu schleppen und
6) trotzdem weiter Fußball glotzt,

dann bleiben kaum noch Vorteile übrig. Eigentlich kein einziger. Ach doch: Statt sich die Fußnägel am Frühstückstisch zu schneiden, geht er zur Pediküre. O.k. – lass ich gelten.

## Östrogene statt Soft skills

Sind es die in rot explodierten Haare, dieser strenge Blick über die Lesebrille hinweg oder einfach die gut gefüllte schwarze Robe? Wenn Richterin Barbara Salesch ihren Delinquenten auf der Anklagebank auf den Zahn fühlt, halten alle im Saal den Atem an und ihr Gegenüber beginnt zu stottern, zu wimmern, gesteht jede jemals begangene Missetat, sei sie noch so lange verjährt. Dompteuse Salesch zeigt keine Spur von Emotionalität oder Konfliktvermeidung, gebraucht keine typisch weiblichen Konjunktive wie »vielleicht, sollte, könnte, müsste«. Stattdessen: »Sie werden Folgendes tun« oder »Das nehme ich Ihnen nicht ab« oder »Ich kann Ihnen nur dringend raten«, das Ganze nonverbal doppelt unterstrichen, indem sie mit Wucht einen Stapel Akten auf ihren Richtertisch knallt.

Davon könnte sich Sabine Christiansen eine dicke Schnitte abschneiden. Zwar versucht sie es mit den gleichen bohrenden Fragen, ebenfalls über eine Sehhilfe hinweg, genauso unemotional und ohne jedes weibliche Harmoniestreben – nur dass sie vom Rest der Runde in Nadelstreifen komplett ignoriert wird. Während des letzten Wahlkampfs gab es eine Sendung, in der Frau Christiansen 45 Minuten lang kein Wort dazwischen bekam. Jedesmal, wenn sie mit erhobenem Zeigefinger zum Reden ansetzte, riss einer der Herren das Gespräch (damit auch die Kamera) an sich und ihre Fragen versickerten nörgelnd im Off. Beim Publikum kommt die Sendung trotzdem sehr gut an, und Frau Christiansen wird für ihre Anwesenheit bei den Talkrunden mit allen möglichen Fernsehpreisen überhäuft.

Auch wenn sie sich in ihrem Autoritätsanspruch unterscheiden, eines haben beide Damen gemeinsam: Sie verweigern sich dem Mythos vom weiblichen Wahrnehmungs-, Kommunikations- und Gefühlspotenzial, auch »soft skills« genannt, der in immer neuen Übersetzungen durch die Medien geistert. Und ohne die angeblich kein Manager mehr ein Bein auf den Boden bekommt. Salesch und Christiansen sind aber auch ohne weiche Talente recht erfolgreich. Wie geht das? Wo doch in jedem Artikel über weibliche Führungsqualitäten darauf gepocht wird, dass es die auf Mutterschaft gepolten Gene sind, die uns ganz nach vorne bringen. Dass die Sprachkompetenz, die wir seit Tausenden von Jahren in der Kindererziehung gesammelt haben, uns ein ausgeprägtes Verhandlungsgeschick garantiert. Und weil Östrogen nicht nur bei Tieren, sondern auch bei menschlichen Weibchen Pflegeverhalten auslöst, können wir unseren Mitarbeitern besser zuhören, verteilen mehr Lob und sind besser im Informationsaustausch. Wir bringen also alles mit, was ein Unternehmen in Zukunft braucht, um im globalen Wettkampf bestehen zu können. Seit zwanzig Jahren wird uns das von Frauenzeitschriften, Managermagazinen und in Talkrunden zum Thema Gleichberechtigung immer wieder beteuert.

Seit den 80er Jahren ist die Zukunft also eigentlich weiblich, immer wieder und wahrscheinlich für immer. Aber dann müsste sich das doch so langsam auch in der Gegenwart bemerkbar machen? In Form von Frauen in gut bezahlten und verantwortungsvollen Positionen zum Beispiel. Tut's aber nicht. In Deutschland gibt es nach einer europäischen Vergleichsstudie sogar die wenigsten Frauen in Führungspositionen, im Topmanagement gerade mal fünf Prozent. Nach einer regelmäßig durchgeführten Studie der Professorin Dr. Sonja Bischoff von der Hamburger Universität für Wirtschaft und Politik verdienen Frauen immer noch bedeutend weniger als Männer in der gleichen Position und mit gleicher Qualifikation.

Ganz abgesehen davon gibt es für ein Drittel der Frauen nicht mal irgendeinen Job. Stattdessen hocken sie zu Hause und investieren ihre zukunftsträchtigen skills in Müttergruppen, Kita-Vorstände und Kindergeburtstage. Das heißt, Zukunft und Gegenwart der Arbeitswelt kommen ganz gut ohne weibliche Bosse aus. Obwohl wir diese unschlagbaren Vorteile haben, die angeblich jeden Mann mit gleicher Qualifikation ins Off katapultieren. Wie ist das zu erklären? Wahrscheinlich funktioniert das Ganze wie bei einer verbalen Fata Morgana. Die weibliche Management-Zukunft wird schon so lange ersehnt und herbeigeredet, dass jeder glaubt, sie sei längst Realität. Statt diese Thesen mal mit den Tatsachen zu vergleichen, werden sie noch zusätzlich neurophysiologisch untermauert:

Wenn man dem Autorenpaar Allan und Barbara Pease von *Warum Männer nicht zuhören und Frauen schlecht einparken* folgt, dann sind Männer bemitleidenswerte, weil minderbegabte Wesen, die sich bald nur noch hochschlafen können, um an einen vernünftigen Job zu kommen. Wenn sie zum Beispiel ein Ziel verfolgen, können sie dafür immer nur eine Hirnhälfte einschalten. Deshalb soll man sie beim Autofahren oder Fernsehgucken möglichst nicht ansprechen, ohne verheerende Reaktionen bis hin zu Morddrohungen zu provozieren. Frauen dagegen verfügen über fette Nervenbahnen zwischen beiden Hemisphären und können deshalb über mehrere Themen gleichzeitig diskutieren (was Männer meistens total überfordert) und sind überhaupt mehrfach belastbar. Kein Wunder, dass wir mit einer einfachen Doppelbelastung spielend klarkommen, während Männer schon mit Koordinationsschwierigkeiten kämpfen, wenn sie über die Straße gehen und dabei Kaugummi kauen.

Was uns diese genetischen Vorteile im Job nutzen sollen, wird nicht weiter konkretisiert. Dafür wird das Thema von anderen Wissenschaftlern aufgegriffen, die an der Argumentation weiterstricken: Helen Fisher, Anthropologin und Autorin des Buches *Das starke Geschlecht*, schwärmt von neurologischen Netzwerken, die uns Frauen geradezu hellseherisch in der Mimik und Gestik fremder Menschen lesen lassen und »soziale Führungsqualitäten« bescheren, von denen Männer nur träumen können. Soweit ich weiß, war Fisher noch nie in einem großen Unternehmen beschäftigt. Gott sei Dank verdient sie mit ihren Büchern genug Geld – genau wie die Bestseller-Autoren Allan und Barbara Pease, die jetzt wahrscheinlich am dritten Buch herumspinnen. Es ist ja nicht ihre Aufgabe, uns zu verklickern, wie wir mit diesen sagenumwobenen soft skills auf einer Teilzeitstelle Karriere machen. Oder wie man damit aus der Arbeitslosigkeit rauskommt. Das wäre zuviel verlangt.

Diese Bücher haben vor allem einen Sinn: Sie tun einem als Frau unglaublich gut. Einige Stunden nach der Lektüre fühlt man sich beschwingt, selbstbewusst, energiegeladen und möchte in dieser Stimmung direkt das Büro des Chefs stürmen: »Ich bestehe auf einer Gehaltserhöhung! Meine Nervenbahnen und mein Östrogenspiegel sind weit mehr wert als das, was Sie mir zahlen!« Was meistens daran scheitert, dass man tagelang keinen Termin bekommt.

Aber da gibt es ja noch einen, der unser ausgebremstes Selbstbewusstsein wieder aufbaut: Der Zukunftsforscher Matthias Horx, Gründer eines »Think-Tank für strategische Zukunftsberatung« verkündet seit etwa 20 Jahren den »Megatrend Frauen« und wird aus Dankbarkeit regelmäßig in Zeitschriften und Businesspublikationen interviewt. Horx, dessen weise und weiche Züge an einen alternden Hobbit erinnern, ist selbst ein Genie in Sachen Kommunikation und sagt historische Sätze wie: »Gesamtgesellschaftlich bedeutet diese Entwicklung eine Verschiebung des Epi-Zentrums ökonomischer Chancen vom männlichen zum weiblichen Geschlecht.«

Der Zukunftsforscher ist mit seiner bewährten These an einem Punkt angekommen, wo er glaubt, nun die Männer vor der weiblichen Übermacht in Schutz nehmen zu müssen. Denn die »gut ausgebildeten, selbstbewussten Frauen suchen sich ihre Arbeitgeber nach den Möglichkeiten der Work-Life-Balance aus«, während die Männer angesichts weiblicher Allroundtalente »ihre Rollengewissheit verlieren«. Als Gegenmaßnahme sollten »sich Männer nicht mehr alles gefallen lassen und sich ein Stück Selbstbewusstsein zurückerobern«. Stimmt! Deutsche Bank-Chef Josef Ackermann zum Beispiel kann man im Gerichtssaal dabei beobachten, wie er seine Unsicherheit mit einem hilflosen Victory-Zeichen überspielt.

Die Situation ist für Männer so bedrohlich geworden, meint Horx, dass man »in den Personalabteilungen großer Food-, Sportartikel- und Handelskonzerne zum

Teil über eine Männerquote nachdenkt«. Keine Ahnung, mit welcher Zukunftsdroge sich Horx in den nächsten Orbit geschossen hat, auf jeden Fall scheint er inzwischen auf einem anderen und besseren Planeten zu Hause zu sein.

Wenn weibliche Begabungen in der freien Wirtschaft angeblich so viel Erfolg bringen, warum werden sie dann nicht freiwillig von Männern nachgeahmt? Stattdessen geben Unternehmen eine Menge Geld aus, um die soft skills ihrer männlichen Mitarbeiter von einem psychologisch versierten Coach herausmeißeln zu lassen. Solche Trainings werden meist von Frauen geleitet, die ja schon qua Geschlecht besonders qualifiziert sind, Brachialmanager und Businessautisten in bescheidene und hingebungsvolle Chefs, wenn nicht gar in wundervolle Menschen zu verwandeln. Und die soft-skill-Aspiranten machen natürlich gerne mit. Endlich mal eine kleine Auszeit vom nervenaufreibenden Ellbogenalltag. Es gibt Fantasie-Spielchen, Psychofragebögen und Ringelpiez mit Anfassen – ist doch herrlich! Danach marschieren die Herren in die Pause, unterhalten sich über den Hintern der Seminarleiterin, lachen sich schlapp über Intuitionsschulung und anderes »Eso-Geschwafel« und sammeln so Erzählstoff für die nächste Skatrunde oder Golfpartie (je nach Hierarchieebene). Andere Firmen schicken ihre Leute in bezahlten Abenteuerurlaub, wo sie beim Wildwasser-Rafting oder in Survival-Camps ihre Sozialkompetenz entdecken sollen.

Fragt sich, ob es nicht effektiver und preiswerter wäre, wenn man den potenziellen Führungskräften einfach ein paar Östrogenspritzen in den Hintern jagt. Da Männer nach wissenschaftlicher Meinung fortschreitend verweiblichen und sich das Y-Chromosom laut *Spiegel* sowieso schon in Auflösung befindet – was kann das noch schaden? Aber das würde wohl unter die Dopingsgesetze fallen und lässt sich auch nicht so gut verkaufen. Denn das Unternehmen profitiert vor allem vom Imagegewinn solcher Seminare: »Jeder unserer High-Potentials muss in einer speziellen Gender-Schulung seine weiblichen Führungsqualitäten entwickeln.« »Wow«, sagen da die Shareholder, »die tun was, um auch in der weiblichen Management-Zukunft mithalten zu können.« An den Gepflogenheiten außerhalb der Seminarräume ändert das gar nichts. Sobald sie von einer Kollegin auch nur leise kritisiert werden, reagieren männliche Führungskräfte bemitleidenswert hilflos und unsouverän. Eine mir bekannte Kommunikationstrainerin hatte einen Vertriebsleiter, der sich während eines Führungstreffens (Autoindustrie) in lautstarke Zweiergespräche vertiefte, darauf hingewiesen, dass alle anderen gern fortfahren würden. Daraufhin hieß es, sie solle die Klappe halten, wenn sich zwei Männer unterhalten.

Wenn Sie mir das nicht glauben, beantworten Sie mir folgende Frage: Hat man schon von einem einzigen Topmanager gehört, der seine steile Karriere einer ausgeprägten Kommunikationsfähigkeit verdankt? Im Gegenteil. Manager, die mit ein paar Millionen mehr in den vorzeitigen Ruhestand gehen wollen, müssen vor allem eins können: dicht halten, wie der Finanzchef des angeschlagenen US-Telecomkonzerns WorldCom zum Beispiel. Wer es schaffen will, innerhalb von ein paar Jahren fast vier Milliarden Dollar Luftbuchungen an der Wertpapieraufsicht vorbeizuschmuggeln, muss seine Kommunikationsfähigkeit – sofern er sie überhaupt besitzt – gewaltig einschränken. Zugegeben, der Mann hat mit der Nummer seinen Job verloren und muss jetzt dauernd im Privatjet von einem Luxusressort zum anderen düsen, um die fette Abfindung noch vor seinem Ableben unters Volk zu bringen. Dafür kennt jetzt ganz Amerika seinen Namen, und er kann sich damit brüsten, dass Präsident Bush extra seinetwegen die Wirtschaftsgesetze geändert hat.

Die 47 steinreichen Wall Street-Devisenhändler und Bankiers, die das FBI im letzten Jahr hopps genommen hat, haben sogar zwei Jahrzehnte die Klappe gehalten. In der Zeit haben die Jungs in aller Ruhe mit Devisenbetrug Millionen beiseite geschafft. Die FBI-Agenten sind ihnen anderthalb Jahre lang bis aufs Pissoir gefolgt, um irgendein verdächtiges Wort aufzuschnappen. Glauben Sie, da war auch nur eine Frau dabei, die wegen ihrer ausgeprägten Fähigkeit engagiert wurde, »wichtige Informationen und Motive vor ihren Mitarbeitern offen zu legen, um den »Wir-sitzen-alle-in-einem-Boot-Gedanken zu fördern«? (*Cosmopolitan*)

Oder der ehemalige Chef der Flowtex-Gruppe Manfred Schmider: Über zehn Jahre hat er 325 Millionen Mark aus seinem Unternehmen abgezweigt, für Luxusvillen rund um den Globus, Luxusyachten und eine Gemäldesammlung. Dass die Sache dann als größter Wirtschaftsskandal der deutschen Nachkriegsgeschichte doch noch aufgeflogen ist, kann doch nur daran gelegen haben, dass bei dem Deal eine Frau dabei war. Und die war auch noch Sekretärin, bevor ihr Boss Schmider sie zur Managerin einer Schein-Tochterfirma gemacht hat. Dabei sind Sekretärinnen besonders berüchtigt für ihre hervorstechende Kommunikationsfähigkeit. Mit ihrem Laber-Gen hat sie wahrscheinlich ihren Chef und dessen Kumpels mit reingerissen. Jetzt sitzen alle im Gefängnis, statt die Millionen auf einer Privatinsel zu verprassen.

Ich wage mal folgenden Verdacht: Bei dem Gerede um die unentbehrlichen soft skills, mit denen wir Frauen qua Gene gesegnet sein sollen, handelt es sich einfach um eine geschickte Verarschungskampagne. Mit ihren soft skills geben sich Frauen selbst zum Abschuss frei und leisten einen großzügigen Beitrag zur Konsolidierung der Personalkosten ihres Arbeitgebers. Dank unserer Geduld und Bescheidenheit bleiben wir ganz gelassen, wenn ein männlicher Mitkonkurrent an uns vorbei befördert wird. Und mit Hilfe unserer Kommunikationsfähigkeit reden wir uns um Kopf und Kragen. Bei der Kündigung heißt es dann: »Für ihre berufliche Zukunft wünschen wir Ihnen alles Gute. Und wenn ich Ihnen einen Tipp geben darf: Mit Quatschen allein ist noch keiner was geworden.« (Außer als Motivationstrainer versteht sich!)

Und die, die immer noch einen Job haben, werden mit ihrer Ausdauer und Teamfähigkeit solange gelobt und für dumm verkauft, bis sie entnervt kündigen oder Kinder kriegen. Wenigstens können sie dann endlich ihre neurologischen Netzwerke, ihre sozialen Führungsqualitäten und ihr Verhandlungsgeschick optimal zum Einsatz bringen: »Gibst du der Mama das Telefon zurück? Ja – du kriegst auch eine Milchschnitte. Bitte, gib der Mama das Telefon zurück, ja? Nein, nicht ins Klo schmeißen, sonst wird Mama ganz böse. Neiiiin!«

## Die unanständigen Praktiken der Sexualforschung

Gibt's was Schöneres, als seine vom »Treppen-steigen-und-Kind-schleppen« schmerzenden Knie auf einem frischen Laken auszustrecken, unterm Ohr ein Daunenkissen, das unter mühsamem Ringen in diese perfekte Passform zurechtgeknufft wurde, die in der Mitte eine Senke und drumherum weiße Wölkchen übrig lässt? Gibt es in diesem Moment irgendetwas, was dem Himmel näher kommt, als exakt in dieser Position verharren zu dürfen, während süßer Schlummer den Kopf frei schwemmt und sich unser Liebster von hinten gaaaaanz vorsichtig (mit dem Ziel einer lockereren Löffelchen-Position) ankuschelt – um gleich danach ebenfalls vom Schlaf übermannt zu werden? Ja, es gibt noch eine Steigerung dieses Zustands: eine Welt ohne Umfragen und Sexualstatistiken. Ohne Zeitschriften, die diese Zahlen in pseudopsychologische Berichte verwandeln und dann einen Titel drucken mit einer fettgedruckten Frage, die jedes Paar mit Kleinkindern sofort zusammenzucken lässt: »WIE OFT BRAUCHEN WIR'S?« 18 Großbuchstaben, die uns schon vom Nachttisch entgegenleuchten, hämisch kichernd durchs Schlafzimmer schwirren, sich auf Schultern und Nacken niederlassen, um in unser Ohr zu säuseln: »Schlag mich auf, und du erfährst, woran du dich zu messen hast, damit du auf ewig unzufrieden seiest!«

Und obwohl ich ahne, dass es mir danach schlechter geht, dass mich dieser Artikel wahrscheinlich um die Nachtruhe bringen wird (und das, ohne dass ich dabei Sex habe!), schlage ich die Titelgeschichte auf und bleibe schon im zweiten Absatz an einer Zahl hängen: zweieinhalb Mal pro Woche!

Ist mir doch egal, wenn der Artikel am Ende versöhnlich feststellt, dass jedes Paar seinen eigenen Rhythmus finden muss ... blabla ..., dass auch Kuscheln sexuelle Bedürfnisse befriedigt ... blabla ... – zu spät! Da steht es, schwarz auf weiß, das ist der deutsche Durchschnitt, von diesem Moment an von innen an meine Schädeldecke tätowiert: zweieinhalb Mal!!!!!

Für diese Woche (und wir haben schon Freitag!) bin ich also zweimal im Verzug. Denn den einzigen aufrichtigen Versuch innerhalb der letzten sieben Tage (die Wochen davor lassen wir mal beiseite) haben wir wegen Kindergeschrei abgebrochen. Das müsste fairerweise als halbes Mal durchgehen. Oder? Wir hatten es ganz ernsthaft vor und waren auch schon ziemlich weit gekommen, ehrlich!

Ich meine: Was soll das denn sonst heißen: ein halbes Mal? Vielleicht, dass der Vollzug wegen irgendwelcher Potenzprobleme abgebrochen wurde? Oder ein vorzeitiger Samenerguss? Dass sie nicht gekommen ist? Oder zählt es als ein halbes Mal, wenn einer von beiden es sich selbst macht?

Das würde in einen Trend passen, mit dem eine andere Frauenzeitschrift aufmacht. Dort erfahre ich, dass Masturbation innerhalb der Beziehung immer populärer wird ... blabla ..., und man deswegen auch kein schlechtes Gewissen gegenüber dem Partner haben sollte ... blabla ... Hab ich auch nicht. Aber das heißt ja eigentlich, der Partner macht es umgekehrt genauso?! Gut – wenn ich mal übers Wochenende weg bin, meinetwegen. Aber die Vorstellung, dass sich mein Liebster ins Bad zurückzieht, während ich im Bett liege und schmökere. Das fände ich schon komisch. Womöglich macht er's sogar, während ich schlafend neben ihm liege? Und kurz vorher hat er mir noch weisgemacht, dass er knallmüde sei und am nächsten Morgen früh raus müsse ... Vielleicht sollte ich ihn einfach direkt drauf ansprechen: »Sag mal, machst du es dir etwa selbst ... Ohne mich vorher zu fragen?« Oder nachts nur so tun, als wenn ich schlafe und dabei unter die Decke horchen. Aber wie reagiere ich, wenn sich mein Verdacht bestätigt? Soll ich plötzlich aufspringen, ihm die Decke wegreißen und laut rufen: »Ha! Hab ich's doch gewusst!« oder »Pfui, schäm dich, du Schmutzfink!«? Ist doch lächerlich. Im eigenen Bett zu onanieren ist schließlich schwer in Ordnung, und ich könnte ja nicht mal behaupten, dass er mich betrogen hat?!

Ist den Sexualforschern, die solche Artikel lostreten, eigentlich klar, welche Verwirrung sie stiften – und wie viel grübelndes Elend? Ich würde gern mal eine Statistik sehen, die zusammenrechnet, wie viele Paare ihre wunderbar harmonische Beziehung drangeben, weil sie glauben, wegen solcher Erkenntnisse unglücklich sein zu müssen. Um es dann auch irgendwann zu werden?!

Gott sei Dank sind wir zumindest gegen diesen Zahlendruck gefeit. Wir haben sozusagen vorgebaut, in den ersten zwei Jahren unserer Beziehung. Und wenn ich die Zeit seit der Pubertät dazuzähle, kann ich den Schnitt von 2,5 noch locker ein paar Jahre halten.

## Ohne Geld zählt auch die Liebe nix

Es ist weit gekommen mit der Generation Golf. Inzwischen führen wir auch mal Gespräche über die Altersvorsorge, obwohl man sich dabei leise ein bisschen schämt. Ziel solcher Unterhaltungen ist es meistens, herauszufinden, ob der andere nicht einen heißen Tipp hat, wo sich Geld vielleicht doch noch auf mysteriöse Weise vermehrt. Aber vor allem will man wissen, wie viel denn das Gegenüber schon auf der hohen Kante hat und wann mit dem Sparen begonnen wurde. Wenn der Gesprächspartner auch erst mit 35 einen Sinneswandel in Richtung Bausparvertrag durchgemacht hat, fühlt man sich schlagartig nicht mehr so allein mit dem Schreckgespenst der Altersarmut.

Trotzdem bin ich für diese schnellen Vergleiche nicht mehr zu haben. Aus dem einfachen Grund, weil ich dabei grundsätzlich und mit Abstand am schlechtesten abschneide. Obwohl ich seit meinem 22sten Lebensjahr eigenes Geld verdiene. »Wie ist das möglich?«, fragte mich einmal ein Bankberater, der sein Entsetzen nur schwer verbergen konnte. Ich blieb ihm eine Antwort schuldig, weil mir die Wahrheit peinlich war. Erst jetzt, zehn Jahre später, bin ich bereit, mich zu outen:

Ich habe mein Geld für Männer ausgegeben. Nicht für Callboys oder andere Begleiter. Für ganz normale, mal mehr, mal weniger charmante, humorvolle, intelligente oder zuvorkommende Jungs, die noch studierten oder ein Leben unter der Prämisse finanzieller Eigenverantwortung grundsätzlich ablehnten: Künstler und Lebenskünstler eben. Oder wie meine Mutter kopfschüttelnd diagnostizierte: »Du hast dieses verhängnisvolle Faible für verkrachte Existenzen.« Wenn sie gewusst hätte, wie viel Geld für dieses Faible draufging, hätte sie mich wahrscheinlich entmündigt und zwangsverheiratet. Wofür ich im Nachhinein vielleicht sogar dankbar gewesen wäre, denn wenn ich heute die Rechnungen all der Urlaube, Kurztrips, Restaurantbesuche oder Klamotten zusammenaddiere, käme ich wahrscheinlich auf den Gegenwert einer Eigentumswohnungsanzahlung. Meinen jetzigen Partner habe ich Gott sei dank in der Endphase seiner Ausbildung kennen gelernt, sodass die finanzielle Schieflage nicht mal ein Jahr anhielt. Danach hat sich meine letzte kurzfristige Investition in einen Mann mehrfach ausgezahlt, in jeder Hinsicht!

Klingt das unromantisch? Nur wenn man sich der Illusion hingibt, dass Liebe und Konsum zwei unterschiedliche Dinge sind. Große Gefühle und große Geschäfte waren noch nie so eng verwoben wie zu Beginn des 21. Jahrhunderts. Verliebte konsumieren, sobald sie gemeinsam Zeit verbringen – im Restaurant, im Kino, beim Wochenende zu zweit. Für das erste Date kauft man neue Unterwäsche, meist sogar neue Fummel. Für den ersten Besuch in der Wohnung des jeweils anderen werden manchmal sogar neue Möbel, Bilder oder CDs angeschafft. Manche Long-Distance-Beziehung könnte ohne Geld für Flug- oder Bahntickets gar nicht stattfinden. Dabei sind die gegenseitigen Geschenke – von der Rose über die Boxershort bis zum Flugticket oder Kleinwagen – noch nicht mal berücksichtigt. Außerdem muss man kein Philosoph sein, um zu registrieren, dass die Produkte selbst mit Erotik aufgeladen sind und leicht zum Ersatz für unerfüllte Wünsche werden. So berichten leidenschaftliche Raser, die in den einschlägigen Männerzeitschriften zitiert werden, von höchstem Entzücken bis hin zu einem Ständer hinterm Steuer ihres Traumschlittens. Auch das ist ja Konsum im Namen der Liebe. Selbst Konfitüre wird mit dem Versprechen auf ein Schäferstündchen verkauft: Da schiebt ein halbnackter Mann mit Aprikosenmarmelade gefüllte Aprikosenhälften in den rosaglänzenden Schmollmund einer Blondine, die in seinem Pyjamaoberhemd auf dem Sofa rumlümmelt und dabei in die Morgensonne blinzelt. Staubsauger, Sahnepudding, Motoröl oder Schnitzelsauce – all diese Produkte scheinen sich besser zu verkaufen, wenn man mit verliebten Pärchen winkt.

Ein relativ neues Werbeklischee geht noch einen Schritt weiter und wirbt direkt mit dem Konsum von Männern beziehungsweise damit, sich ihrer zu entledigen, sobald sie ihren Dienst getan haben: fürsorgliche Partner, die loseilen, um für ihre Liebste Margarine zu besorgen und denen nach getaner Pflicht die Tür vor der Nase zugeschlagen wird. In einem anderen Spot bekommt er eine Abreibung und wird zum Teufel gejagt, weil er den Reifen ihres neu erworbenen Kleinwagens mit einem leichten Fußtritt prüft. Und die Saugkraft der besten Wisch-und-Wegtücher beweist sich beim Entfernen eines Lebensgefährten, der allzu gelangweilt auf dem Sofa rumlümmelt.

Wisch und weg – so ähnlich funktioniert auch das Prinzip des so genannten Speed-Dating, auch Hurry-Date oder Express-Dating genannt. Eine, wie kann es anders sein, amerikanische Erfindung, die die mühsame Suche nach dem passenden Partner auf Höchstgeschwindigkeit beschleunigt. Ein Abend mit 33 Dates im Schnelldurchlauf kostet 35 Dollar. Dabei darf man auch bestimmte Personengruppen einkreisen, zum Beispiel Feuerwehrmänner des 11. September. Nach einem dreiminütigen Gespräch entscheidet ein Kreuz auf der Liste darüber, ob das Gegenüber die E-Mail-Addresse haben darf. Der Erfolg dieser Kontaktbörsen in über 30 Städten Amerikas, Kanadas und Englands spricht für sich. Effektiver und produktiver kann man Liebe nicht vermarkten. Wenn schon alle, geschult durch Werbung und Medien, mit einer klar umrissenen Vorstellung vom Traumpartner durch die Welt laufen, sodass die meisten Zufallsbegegnungen sowieso durchs Wahrnehmungsraster fallen, dann kann man sich die Kandidaten doch auch gleich vorführen lassen wie bei einer Hengstparade.

Gleichzeitig hält sich hartnäckig das 300 Jahre alte Ideal der romantischen Liebe, unberührt von eigennützigen Interessen und jeder berechnenden Absicht. Wie sonst ist es möglich, dass jede Verfilmung eines Rosamunde-Pilcher-Romans Millionen vor den Bildschirm lockt und dass sich weitere Millionen bereitwillig vom Titel einer der erfolgreichsten TV-Shows darüber belehren lassen, dass »Nur die Liebe zählt«? Je desolater die Wirtschaft, je höher die Arbeitslosenzahlen, desto verzweifelter glauben wir an diese Illusion. Irgendetwas muss es doch umsonst geben, oder? Gibt es auch: die Luft. Aber die Liebe schon längst nicht mehr. Unser Liebesleben wäre so viel unkomplizierter, wenn wir diese Tatsache einfach akzeptieren würden.

Eine Gesellschaft, die die Rentabilität von Alten und Kindern kalkuliert (250 000 Euro Investition pro Kind, Rendite ungewiss, Nutzen als Rentenzahler für die Allgemeinheit, aber auch das ist ungewiss, könnte ja auch ein früher Sozialfall werden); in der eine Familienministerin die Unternehmen beschwatzt, doch bitte Frauen einzustellen, weil »sich das rechnet« (weibliche Führungskräfte brauchen weniger Personal und Material und kündigen seltener). In einem Land, das mit mehr als der Hälfte aller Discount-Läden Europas gepflastert ist (Gesellschaft für Konsumforschung), wo manche ihre gesamte Freizeit vor dem Computer verbringen, um die alltäglichsten Dinge noch preiswerter zu ersteigern. In dem der Geiz sogar die Erfüllung sexueller Begierden in den Schatten stellt, weil er so geil ist. Wie kann da irgendjemand erwarten, dass ausgerechnet die Liebe vom Kosten-Nutzen-Kalkül ausgenommen bleibt?

Die Kriterien der freien Marktwirtschaft greifen schon bei der Suche nach Mr. Right, denn wie uns in der *Maxi* erklärt wird, ist es enorm wichtig, »einen Partner zu ergattern, der einen möglichst hohen Marktwert vorzuweisen hat. Das hebt den eigenen Status.« Wie sich der Marktwert definiert, lässt sich bereits erahnen, bevor man eine Seite später auf den soziologisch brisanten Satz stößt: »Männer achten auf die Optik und Frauen wollen einen reichen Partner.« Als wissenschaftliche Deckung für diese Behauptung dienen »Forscher aus verschiedenen Nationen«. Unfairerweise sind Frauen, die keinen Hehl daraus machen, dass sie diese Forschungserkenntnis in die Tat umsetzen, den schlimmsten Unterstellungen ausgesetzt. Wer will bestreiten, dass das Ex-Model Anna Nicole Smith ihren greisen Milliardärsgatten in seinen letzten Lebensmonaten noch einmal sehr glücklich gemacht hat. Trotzdem wurde die vollschlanke Blondine zur Hochzeit von der Presse geradezu geschlachtet. Tatjana Gsell, Partylöwin und 40 Jahre jüngere Witwe eines millionenschweren Schönheitschirurgen, musste wegen ähnlicher Vorurteile vorübergehend ins Gefängnis, unter Mordverdacht. Dabei gehorchen die beiden Damen nur dem Zeitgeist. Die »Männer-achten-auf-die-Optik-Devise« ist schließlich auch die Verkaufsgrundlage der meisten Frauenzeitschriften: 80 Prozent des Inhalts drehen sich um Mode, Schönheit und Lifestyle – also um all die Dinge, mit denen ich als Frau meinen Marktwert erhöhe. Die Produkte auf den Anzeigenseiten nicht mitgezählt, beläuft sich der Wert aller in eben dieser *Maxi*-Ausgabe angepriesenen »Must-Haves« (Mode, Kosmetik oder Einrichtung) auf circa 57600 Euro. In Anbetracht dieser Summe in einem einzigen Monatsheft scheinen die Klagen vieler Männer über verschwenderische Frauen reichlich übertrieben. Ein Mann, dessen Auserwählte sich angesichts solcher Verlockungen beispielsweise auf ein Prozent der Schönheitsware, also auf 576 Euro monatlich, beschränkt, kann von Glück sagen und müsste seiner Partnerin für ihre Selbstdisziplin und Sparsamkeit einen Orden verleihen.

Nun könnte eine Frau ja auch selbst für ihre Marktwertschöpfung aufkommen. Aber die Möglichkeit, dass dieses Geld auch selbst erwirtschaft werden könnte, erscheint den Machern solcher Blätter wie *Maxi* oder *Jolie* wohl als zu progressiv, denn das Inhaltsverzeichnis bietet nicht mal ein Ressort, das sich wie auch immer mit Arbeit beschäftigt. In den »Women and Work«-Sparten der Konkurrenz finden sich dann Themen wie: »Geschäftsessen mit Stil« oder »Yoga-Übungen fürs Büro«.

Bei einigen der kleinformatigen Neuerscheinungen ist dieser Ansatz konsequent zu Ende gebracht: In Blättern wie *Glamour Shopping*, *Woman Shopping*, oder *Shop&Style* geht es nur noch um »1000 schöne Dinge und wie man sie bekommt«. Die Chefredakteure dieser Newcomer müssen sich keinen Kopf mehr darum machen, ob die redaktionellen Beiträge auch klar von Anzeigen zu unterscheiden sind. Sie riskieren auch keine Rüge des Presserats, denn der Inhalt ist – ganz puristisch – nichts als Werbung. Ich kaufe, also bin ich. Und der Markt für solche Konsumhefte ist noch längst nicht gesättigt, denn für sechs Millionen Frauen hat das Einkaufen den Stellenwert eines Hobbys, wie die Allensbacher Markt- und Werbeträgeranalyse 2003 ermittelt hat.

Wobei dieses Hobby nicht immer automatisch etwas kosten muss. Viele Frauen ergötzen sich allein am Anblick schöner Dinge und kommen viel seltener mit Beute nach Hause, als ihnen unterstellt wird. Wir können ohne Probleme acht Stunden in Einkaufspassagen, Kaufhäusern und Boutiquen verbringen, ohne einen Euro auszugeben. Es kommt sogar vor, dass wir eine Handtasche dreimal in ihrem Regal besuchen gehen, um uns dann doch gegen sie zu entscheiden. Und sobald wir fest liiert sind, entwickeln wir sogar häufig den Ehrgeiz, das gemeinsame Einkommen zusammenzuhalten.

Trotzdem steht das liebe Geld an erster Stelle der Top-Streitthemen in einer Partnerschaft. Die Brisanz des Themas steht leider in keinem Verhältnis zu seiner Präsenz auf den Titeln der Frauenzeitschriften. Auch in den Redaktionen scheint man der Meinung zu sein, dass Geld kein Thema sein darf, wenn man sich liebt. Es werden zwar reichlich Ratschläge verteilt, wie man den Traummann findet, wie man mit Eifersucht umgeht oder mit einem Seitensprung. Aber weit und breit kein einziger Artikel, der erklärt, wie man eine gerechte Haushaltskasse führt oder über Bedürfnisse und Ausgaben verhandelt. Dabei sind schon Ehen über der Frage zerbrochen, ob das Gemüse im Reformhaus oder im Supermarkt gekauft wird.

Die Paare können sich noch so fest vornehmen, in Geldfragen keine typische Rollenverteilung aufkommen zu lassen – am Ende hat dann doch meistens der Mehrverdiener das Sagen. Das berichtet der Verband der Familienfrauen und -männer. Man mag es kaum glauben, aber bis heute gibt es Frauen, die sich im Namen der Liebe ein knapp bemessenes wöchentliches Haushaltsgeld zuteilen lassen, in dem – abgesehen von Tampons vielleicht – meistens keine persönlichen Ausgaben enthalten sind. Während sich ihre Männer kostspielige Hobbys oder ein neues Auto leisten, auch ohne Rücksprache mit der Liebsten. Gleichzeitig haben diese Partnerinnen oft keinen Schimmer, was ihre Männer verdienen. Frauen, die eine solche Situation akzeptieren, sind (mit Verlaub) saudämlich und schaden sich langfristig selbst, indem sie eine für sie ungünstige Entwicklung in Gang setzen, denn: ohne Konsum von Mode,

Kosmetik, Fitness und Wellness keine Marktwertschöpfung. Ohne Marktwert keine Liebe. Also wendet sich der kostenbewusste Mann einer jüngeren Variante seiner Gattin zu, nicht ohne ihr kurz vor der Trennung noch einen Ehevertrag aufzuschwatzen, der sie im Falle einer Scheidung zum Sozialfall macht. Natürlich muss man solche Verträge nicht unterschreiben, aber nach Auskunft der Familienanwälte glauben die Frauen häufig, ihre Ehe retten zu können, wenn sie dem Drängen des Mannes nachgeben. Nur: In den meisten Fällen rennen die Männer zum Scheidungsanwalt, sobald die Tinte trocken ist. Auch hier beweist sich: Man bekommt keine Liebe, wenn man Geld verschenkt, im Gegenteil.

Gut, dass es aus der Sicht der *Focus*-Redaktion noch ein paar Frauen gibt, die sich den Gegenwert ihres ehemaligen Marktpreises nach der Scheidung zurückholen, indem sie »die Wohnung leer räumen, Konten plündern, mit Anwälten miese Tricks einfädeln oder Steuervergehen beim Finanzamt anzeigen«. Für die Autorin (!) der *Focus*-Titelstory ist deshalb der Mann das Scheidungsopfer. Da die Frauen »die wirtschaftlich Schwächeren sind, können sie besser hebeln und taktieren«. Ich habe den Satz dreimal gelesen und bin zu dem Schluss gekommen, dass er weder von hinten noch von vorne irgendeinen Sinn macht. Beim ersten Beispiel für ein männliches Scheidungsopfer wird es noch absurder: Ein Bankkaufmann, der seine damalige Frau zu einem Ehevertrag überredet hat, durch den sie kurz nach der

Trennung auf jeglichen Unterhalt verzichtet, obwohl sie über zwölf Jahre den Haushalt und die Kinder versorgt hat. Und jetzt kommt's: Als Ausgleich dafür »sollte der Mutter das alleinige Sorgerecht zustehen«. Wie überaus großzügig! Im Klartext: Der saubere Ehemann wird in einem Aufwasch seine Gattin und die Verantwortung für seine Kinder los und darf seinen Verdienst von nun an wieder für sich allein ausgeben.

Gut, dass solche Sklavenverträge inzwischen anfechtbar sind, sodass die Ex-Frau des Bankkaufmanns vor einem Oberlandesgericht Recht und damit den ihr zustehenden Unterhalt bekam. Nur »der Beklagte versteht die Welt nicht mehr« und befindet sich »wegen schwerer Depressionen in ärztlicher Behandlung«. Das ist natürlich tragisch und wäre wohl nicht passiert, wenn seine Frau – auf der Grundlage des Vertrages – heute dem Sozialamt auf der Tasche liegen würde. Wo doch Frauen, wie der *Focus* weiter behauptet, »emotionale Belastungen länger durchhalten – die Natur hat ihnen wohl die stärkeren Nerven mitgegeben«. Bei solchen Aussichten möchte ich allen Frauen, die noch nicht fest gebunden sind, empfehlen, vorher einmal folgende ultimative Anschaffung auszuprobieren: Unter www.bachelorette.com können Sie den »aufblasbaren Ehemann« bestellen. Wie die Werbung verspricht, ist er sehr günstig im Unterhalt, guckt nie Fußball und verliert sein strahlendes Lächeln auch nicht, wenn wir mit einem Dutzend Einkaufstüten nach Hause kommen.

## Zwischen Babydoll und Edelnuttenlook

Es sind diese kleinen, aber einschneidenden Erlebnisse, die einen in der Häufung irgendwann zwingen, sich einzugestehen: »Mist, ich bin keine zwanzig mehr. Ich bin sogar fast zweimal zwanzig!« Zum Beispiel werde ich bei einer Veranstaltung in der Teestube des soziologischen Instituts, in dem ich irgendwann mal Jahre meines Lebens abgelümmelt habe, vom studentischen Teeverkäufer gesiezt. Und obwohl ich mehrer Male um ein Du bitte, bleibt er beim Sie. Oder: Ich blättere in einer Modestrecke und stoße auf Outfits und Accessoires, die auch in meinen Fotoalben dokumentiert sind. Nur dass diese Aufnahmen zwanzig Jahre alt sind! Ich bin nun also alt genug, um die Wiederbelebung der Modestile meiner Kindheit und Jugend zu erleben!

Noch im 18. Jahrhundert lagen rund 1300 Jahre zwischen einer Mode und ihrem Revival: Die schlichten Gewänder der Antike wurden erst zu Zeiten der französischen Revolution wiederbelebt. In meinem bisherigen

Leben sind gerade 18 Jahre vergangen, als ich auf der Straße einer taillenkurzen, türkisfarbenen Jacke begegne – mit eckigen Schulterpolstern verstärkt und von Reißverschlüssen übersät. Darin steckt eine junge Frau mit einem selbstbewussten Lächeln, die ihren Neuerwerb mit einem rosa Unterhemd und einer rosa getönten Ray Ban kombiniert hat und mit flatternden Haaren vorbeistolziert. Jung genug, um nichts zu ahnen – von Pershing-Raketen, von Barbapapa, Dallas, Denver und Soft Cell. Mein Mund bleibt halb geöffnet stehen, ich starre ihr hinterher, merke nicht mal, dass ich mit dem Finger auf sie zeige: »Genau das hatte ich immer bei der Sonntagsdisco an!«

Zufällig bin ich an diesem Tag mit einer Freundin unterwegs, die als Stylistin arbeitet und meinen modischen Offenbarungseid auf offener Straße furchtbar peinlich findet. Während sie mich am Ärmel vorwärts zerrt, gibt es eine Blitzunterweisung in Sachen aktuelle Mode: Eigentlich sollte nämlich das 70er Jahre Revival durch das 80er abgelöst werden. Zwar hängen ein Dutzend Entwürfe aus der Zeit in der ein oder anderen Boutique, erklärt Sie mir, aber die weiten Schnitte und überdimensionierten Schulterpolster haben sich nicht wirklich durchsetzen können. Und wen wundert das? Wer würde wohl freiwillig viel Geld für Klamotten ausgeben, in denen er schon zu Pickelzeiten idiotisch aussah? Wer will schon diese verdammten Flügelärmel, die in jedem Essen drinhängen? Und wer braucht die überdimensionierten Blazer, es sei denn man möchte darunter 30 Kilo Übergewicht verstecken, die sich in einem einzigen großen Wulst rund um die Taille angesammelt haben. Außerdem bin ich hoffentlich nicht die einzige, die lieber nackt herumrennt, als zweimal in diesem Leben in Leggings oder in eine Karottenhose zu schlüpfen.

Es wird ja immer wieder behauptet, dass die meisten Leute in derselben Zeit modisch verankert bleiben, in der sie auch den Höhepunkt ihrer persönlichen Entwicklung erreicht haben – den Höhepunkt ihrer Kreativität, ihrer beruflichen Möglichkeiten, ihrer körperlichen Attraktivität. Sobald sie sich vom Zeitgeist überholen lassen, wechseln sie auch den Modestil nicht mehr. Und tatsächlich, wenn man genau hinschaut, begegnen einem dauernd die Stellvertreter verschiedener Dekaden: die schlicht-klassischen Chanel Kostüme aus den 60ern in der Oper und bei Doris Schröder-Köpf, der Schlabberlook der 70er an den Inhabern von Wollläden und bei Claudia Roth (von den Grünen). Die Blazer, großen Schultertücher und Fönfrisuren der 80er Jahre an den Lachs- und Sekttheken der Innenstadtpassagen und bei Angela Merkel usw. Aber Karottenhosen und Leggings werden außerhalb deutscher Campingplätze und dem Berliner Trendsetter-Viertel Prenzlauer Berg weiter verschmäht. Bei den frauenfeindlichsten Schnittmustern der jüngeren Modegeschichte siegt dann doch die Eitelkeit über das Phlegma.

Und deshalb werden jetzt wieder die dekorativen

Pucci-Motive und Etuikleider der 60er aus der Mottenkiste gekramt, erklärt mir meine Stylisten-Freundin. (Bis dieses Buch erscheint, kann das natürlich längst wieder hinfällig sein.) Aus ihrer Sicht fällt den Designern einfach nichts besseres ein, als vergangene Jahrzehnte zu plündern. Mal abgesehen von der Idee, ihr eigenes Konterfei als riesiges Fotoprint auf Trenchcoats und T-Shirts zu heben. Das Schaulaufen als lebendes Werbeplakat mit den (um 30 Jahre jüngeren) Gesichtern von Donatella Versace, Giorgio Armani oder Yohij Yamamoto vor der Brust wird in der *Jolie* als neuer Trend vorgestellt. Ich fahnde kurz in meinem Gedächtnis, wo ich solche Motive schon mal gesehen habe. Dabei fällt mir die zehn Jahre zurückliegende Hochzeit eines Verwandten ein, bei der wir Warhol-Portraits der Brautleute auf T-Shirts drucken ließen. Das kam damals total gut an!

Was mir dagegen wirklich Angst macht, ist die Rückkehr der »Textmarker«. So haben wir (Anhänger der »Stoppt-Atomkraft«-Button-Träger-Fraktion) in den 80er Jahren alle Zeitgenossen genannt, die dank phosphoreszierender Neonfarben als lebende Verkehrszeichen durch die Gegend liefen. Besonders beliebt: Elho-Jacken in pink und gelb oder Netzhemden in der selbigen Couleur. Ich will niemanden belehren, aber wir haben schon damals die Erfahrung gemacht, dass jeder, der nicht über makellose, kleinporige Haut, einen tiefbraunen Teint und einen sportlich straffen Körper verfügt, in diesen Farben wie ein Komapatient aussieht.

Wenn das mit den Revivals im gleichen Tempo weitergeht, müsste ich sogar noch mehrere Wiederbelebungen der 80er Jahre miterleben, bevor ich altersbedingt bei Größe 48 lande oder freiwillig aus der Modespirale aussteige, weil mich das Chaos verschiedener Stile überfordert. Verwirrenderweise bleibt nämlich ein Teil jeder wiederbelebten Epoche über den Trend hinaus tragbar, wie mir meine Stylisten-Freundin erklärt. Weshalb wir jetzt ein Nebeneinander beobachten von Schmetterlingsbrillen und Petticoats aus den 50ern (ganz aktuell), Op-Art Mustern der 60er, Pumphosen und Hot-Pants der 70er, Fledermausärmeln der 80er, Cargohosen der 90er und … ja was eigentlich? Alles vorhergenannte bunt durcheinandergemixt steht dann wohl für das 21. Jahrhundert?!

Aber nicht, ohne das vergangene Jahrhundert voll zu machen: Die Modereporterin der *Vogue* war bei den Schauen in Paris und verkündet die nächste Retro-Welle. Diesmal soll gleichzeitig die Vor- und die Nachkriegsepoche nach oben gespült werden. Zurück in die Zeit vor Erfindung des Nylonstrumpfes. Zu den pastellfarbenen und schrill gemusterten Flatterkleidern aus den 20er Jahren werden blickdichte, aber knallbunte Strümpfe empfohlen, die jede Frau ab Mitte 30 aussehen lassen, als wäre sie den Betreuern ihrer Alzheimer-WG bei einem Sommerausflug entwischt. Außerdem soll es wieder bodenlange gülden-glamouröse Seidenkleider und schlauchlange Pelzstolen geben – die man bitteschön bei welcher Gelegenheit tragen soll? Ich meine, wenn man mal ein Wochenende nicht bei den Bayreuther Festspielen, auf dem Wiener Opern-Ball oder bei der Oscar-Verleihung verweilt. Und auch nicht einem russischen Edelnutten-Callgirlring angehört.

Logischerweise müssten im Zuge dieses Rückwärtstrends bald wieder Fischgrätenkorsetts in den Schaufenstern der Dessous-Geschäfte auftauchen, denn bis auf die ersten zehn Jahre des Jahrhunderts haben wir nun alles zusammen. Zwecks Orientierung empfiehlt die *Petra* in ihrem Modespezial: »Individuelles Cross-Dressing der verschiedenen Stilrichtungen«, was übersetzt nichts anderes bedeutet als die vollständige Kapitulation vor den Herausforderungen des Jobs als Moderedakteur. Die Subtext-Botschaft an die Leserin lautet: »Sieh zu, wie du klarkommst, wir wissen auch nicht mehr, was wir kaufen oder anziehen sollen!«

Daraus könnte man wiederum einen Megatrend formulieren: »Totale Beliebigkeit« oder auch: »Bloß nicht festlegen«. Das können sich aber nur die wenigen leisten, die es tatsächlich draufhaben, stilsicher mit den verschiedenen Epochen zu jonglieren. Diejenigen, die gemäß dem oben beschriebenen psychologischen Phänomen am Stil ihrer Jugend festhalten, drücken es so aus: »Das ist ja wohl Geschmackssache!« Was gern als Totschlagargument herangezogen wird, um sich keine modische Lethargie vorwerfen lassen zu müssen. Übrig bleibt ein Rest von eingeschränkt Modewilligen, die aber den Überblick verloren haben, so wie ich: Vorausgesetzt ich erkenne einen 50er Jahre Cardigan als solchen, kann ich ihn dann mit einer 90er Cargohose kombinieren? Oder lieber mit einer 70er Jahre Hot Pants – aber das passt jahreszeitlich eigentlich nicht zusammen, denn ein Cardigan ist ja vor allem eine Strickjacke. Obwohl manche Frauen ja auch bauchfreie Oberteile (die wohl langsam megaout sind, soviel weiß ich zumindest) unter einer arktistauglichen Daunenjacke tragen – zuletzt gesichtet im Survivalbereich der aktuellen Big-Brother-Staffel bei 0 ° C Außentemperatur.

Ein Styling-Selbsttest in der *Brigitte* »Welcher Typ sind Sie?« hilft mir auch nicht großartig weiter. Da will man wissen, wie viele Uhren ich in den letzten sechs Monaten gekauft habe? Was heißt hier wie viele? Keine einzige. Die Uhrzeit steht schließlich auf dem Handy-Display. Oder ob ich zum Anzug – den ich nicht besitze – lieber Loafer oder Cowboystiefel trage. Auf die Gefahr hin, dass ich mich jetzt komplett lächerlich mache, aber: Was bitte sind »Loafer«?

Ich würde mir nie anmaßen zu behaupten, dass solche Tests nichts anderes sind als eine Alternative zum Kreuzworträtsel, bei der man immer glänzen kann – weil man über sich selbst ja schließlich Bescheid wissen sollte. Ich möchte nur feststellen, dass gerade Menschen wie Thomas Gottschalk oder Elke Heidenreich, die eine solche Crash-Typ-Beratung bitter nötig hätten, oft viel zu selbstverliebt sind, um sich Fragen bezüglich ihres

Äußeren zu stellen. Wie sonst ist es möglich, dass erwachsene Frauen und gestandene Mütter, deutlich über 40, in folgendem Outfit einem Landrover (möglicherweise ist das der Haken?) entsteigen: ein gepunkteter Faltenrock – nach Ansicht der Moderedakteure von *Shop & Style* ein »Klassiker, der gerade seine Renaissance erlebt – sexy, aber auf die elegante Art«. Dazu Strümpfe im Burlington-Muster, die in High Heels stecken – laut *Woman Shopping* »ein witziges Detail, das man am besten mit einem Augenzwinkern trägt« (weil einem die Augen tränen? Anmerkung der Autorin). Als Top ein farblich passendes T-Shirt mit einem »Some-girls-are-born-winners«-Aufdruck, darüber lässig einen fliederfarbenen Trenchcoat.

Niemand soll mich falsch verstehen: Warum sollen Frauen mittleren Alters nicht auch mal ein total hippes Styling riskieren? Klar! Aber bitte nur, wenn sie entweder Vivienne Westwood heißen oder das Outfit von ihren Kindern abgesegnet wurde. Es ist o. k., wenn jemand ums Verrecken nicht erwachsen werden will, aber die eigenen Kinder sollten nicht darunter leiden müssen. Man bedenke die peinliche Situation, in die man den pubertierenden Nachwuchs bringt, wenn man ihn solcherart gestylt von der Schule oder anderen Aktivitäten abholt. Eltern an sich sind für heranwachsende Kinder ja sowieso schon megapeinlich, aber in dem oben beschriebenen Outfit macht man sie in einem Kreis von Gleichaltrigen zu sozialen Außenseitern. Wie die *Vogue* auf ihrer Internetseite richtig bemerkt, vermittelt die Mode »viel über das eigene Selbstverständnis«. Eine 45-jährige gestandene Frau und Mutter kann aber unmöglich dasselbe Selbstverständnis haben wie eine 20-jährige MTV-Moderatorin. Alles andere fällt unter das psychologische Stichwort »Borderline«.

Den kinderlosen Fashion-Victims sei es natürlich unbenommen, sich noch weiter in die eigene Kindheit zurückzuziehen. Angesichts ständiger modischer Überforderung ist das legitim und verständlich. Außerdem gibt es ja immer noch Männer, Handwerker und Vorgesetzte, bei denen man mit dem dazu passenden Schmollmund, einem seitlichen Kulleraugenaufschlag und schiefgelegtem Kopf (»Ooooch, bittöööööö«) eine Menge erreichen kann. Die aktuelle *Woman-Shopping* enthält alles, was man für ein zweckdienliches Outfit braucht: das Herzchenkleid von Moschino Cheap & Chic, die bunten Plastikarmreifen von Miss Sixty (wahlweise auch ein paar Beißringe aus der Babyabteilung ihres Drogeriemarktes), Bunte-Bohnen-Zopfgummis für die Haare und für die Nägel eine Zuckerstangen-Streifenbemalung. Dann schlägt frau dreimal die Hacken ihrer rosaglänzenden Ballerinas zusammen und spricht laut: »Ich wünschte, ich wäre noch mal zwölf. Ich wünschte, ich wäre noch mal zwölf. Ich wünschte, ich wäre noch mal zwölf.«

# Quellennachweis

## Mit Unterdruck zu Doppel-D

»Ein Fall für zwei«; Allegra 01/2004
»Blick ins Dekolleté«; Discovery Channel
»Hauptsache alles bleibt drin«; Süddeutsche Zeitung, 7./8.2.2004
»Schöner Busen«, Sendung FrauTV, 7.1.2004
*Mutter Natur. Die weibliche Seite der Evolution*; Sarah Blaffer Hrdy, Berlin Verlag
»Alter, verpiß dich«, FAZ Sonntagszeitung, 23.11.2003

## Kaffee und Couch – die Doppelbelastung der Väter

»Und drinnen waltet die fleißige Hausfrau«; Psychologie heute 05/2003
»Die Beschwörung der Väter«; Psychologie heute 02/2002
»Frauen und ihre Putzgewohnheiten«; www.vorwerk-kobold.de
»Innerfamiliäre Arbeitsteilung«; Studie von Birgit Blättel-Mink, Caroline Kramer, Anina Mischau
»Der optimistische Ansatz zur Ehe«; www.eheseelsorge.net
»Ich mache keine Politik – ich mache sie möglich«; Gala, 8.1.2004

## Verstopfte Gefäße auf Freiersfüßen

»Einsame Herzen«; Bunte, 23.12.2003
»Langer Lauf zur neuen Liebe«; Spiegel, 22.9.2003
»Fischer auf Freiers Füßen«; www.noeastro.de, 2.2.2004

## Gut angezogen mit Kind

»American Beauty«; Brigitte, 18.2.2004
»Ja zum Kind«; Bildwoche, 8.1.2004
»Man trägt wieder Kind«; Süddeutsche Zeitung, 29.10. 2003
»Wir machen in Familie!«; Allegra 02/2004

## Ran an den Speck

»Die große Woman-Diät mit der Glyx-Formel«; Woman, 22.4.2003
»Wer isst schon normal?«; Allegra 12/2003
»Milliardenspiel mit Kalorien«; Süddeutsche Zeitung, 25.3.2004
»Fit wie ein Turnschuh und dünn wie Kate M.«; www.das-eule.de
»Abnehmen ist in – Diäten sind out«; www.gesunder-mausklick.de
»Fett gegen den Bauch«, Süddeutsche Zeitung, 27.5.2003
»Durch dick und dünn«; Jolie 01/04

## Im Bett mit PET

»Komm schon«; Matador Erstausgabe, April/Mai 2004
»Wie war ich?«; Süddeutsche Zeitung, 13.11.2003
Auskünfte: Institut für Sexualforschung, Universitätsklinik Eppendorf

## Mutter sein und Mensch bleiben
»Jeden Tag ein neues Universum«; Spiegel, 20.10.03
»Das aggressive Kind«; GEO, März 2004
»Was ist die ideale Erziehung?; GEO, April 2002
»Feng Shui für Babys«; Hamburger Morgenpost, 26.2.2004
»Erste Hilfe für gestresste Eltern«; Eltern 03/2004

## Schön operierte neue Welt
»Operation Schönheit«; Fit for Fun 03/2004
»Alles echt? Schönheitsoperationen«; Gala, 8.1.2004
»The perfect face«; Newsweek, 10.11.2003
»Die handgemachte Frau«; Die Zeit, 3.1.2002
»Geh Dir mal das Näschen schneiden«; www.sueddeutsche.de, 6.2.2004
»Die neue Fett-weg-Spritze«; Freundin 24/2003
»Schönheitsoperationen«; www.petra.de
»Schönheitsoperationen«; www.brigitte.de

## Schuhe lügen nicht – mit dem Einkaufswagen auf Partnersuche
»Wie die Liebe anfängt«; Brigitte, 7.1.2004
»Single bells«, Süddeutsche Zeitung, 14./15.2.2004
»Flirten nach regeln«; Fit for Flirt 03/2004
»Schuhe lügen nicht«; www.freundin.com
»Supermarkt-Flirt«; www.stern.de
»Nie mehr allein«; Amica 03/2004

## Fast schwul ist cool – der metrosexuelle Mann
»Der neue Mann«; Cosmopolitan 11/2003
»Das Jahr 2003 von A bis Z«; Süddeutsche Magazin, 19.12 2003
»Der neue Mann braucht Pflege…«; Hamburger Morgenpost, 16.12.2003
»Warum wollen jetzt alle Männer wie Beckham sein?«; Bild, 11.7.2003
»Der Hetero der Zukunft ist ein Metrosexueller«; Tagesspiegel, 26.6.2003
»Erst rausputzen, dann Haus putzen«; Gala, 31.7.2003
»Distanzierte Andacht«; Süddeutsche Zeitung, 9.7.2003
»Wie viel Vater braucht ein Kind?«; Psychologie heute 03/2004
»Männer wissen oft nicht, wer sie wirklich sind«; Süddeutsche Magazin, 27.2.2004

## Östrogene statt soft skills
»Dreckige Finger nach goldenem Handschlag«, Financial Times Deutschland, 28.1.2004
»Habe ich das Zeug zum Chef?«; Allegra 02/2004
»Nägel mit Köpfen«; Süddeutsche Magazin, 25.4.2003
*Das starke Geschlecht*, Helen Fisher, Heyne Verlag
*Warum Männer nicht zuhören und Frauen schlecht einparken*, Allan und Barbara Pease, Ullstein
»Megatrend Frauen und die Zukunft der Männer«; Personalführung, 1/2004

## Die unanständigen Praktiken der Sexualforschung

»Das muss Liebe sein«; Süddeutsche Zeitung, 14.1.2003
»Die Erforschung der weiblichen Lust«; www.swr.de

## Ohne Geld zählt auch die Liebe nix

»Was bei der Liebe zählt«; Maxi, März 2004
Shop & Style 01/2004
»Scheidungsopfer Mann«; Focus, 1.3.2004
»Geld macht leer«; Süddeutsche Zeitung, 14./15.6.2003
»Mein Haus, mein Herd«; Süddeutsche Zeitung, 8.10. 2003
»Es läuft spitze!«; Süddeutsche Zeitung, 5./6.1.2004

## Zwischen Babydoll und Edelnuttenlook

»Welcher Stil passt zu mir?«; 4.2.2004
»Bildschön«; Jolie April 2004
Accessoir-Vorschläge aus Woman Shopping; 17.2.2004
»Mode-Spezial«; Petra
»Mode – Kleidung als Bedeutungsträger«; Helga Stübs und Gisela Trautmann-Weber, Schroedel